诺奖作家
给孩子的阅读课

生命教育

［美］海明威等 著　张庆彬等 译

天地出版社 TIANDI PRESS

图书在版编目（CIP）数据

生命教育 /（美）海明威等著；张庆彬等译. — 成都：天地出版社，2024.3
（诺奖作家给孩子的阅读课）
ISBN 978-7-5455-8223-9

Ⅰ.①生… Ⅱ.①海… ②张… Ⅲ.①阅读课—中小学—教学参考资料 Ⅳ.①G634.333

中国国家版本馆CIP数据核字（2023）第257064号

NUOJIANG ZUOJIA GEI HAIZI DE YUEDU KE · SHENGMING JIAOYU
诺奖作家给孩子的阅读课·生命教育

出 品 人	杨　政
作　 　者	［美］海明威等
译　 　者	张庆彬等
责任编辑	袁静梅
责任校对	张思秋
插　　画	刘　洋
封面设计	纸深文化
内文排版	谢　彬
责任印制	王学锋

出版发行	天地出版社
	（成都市锦江区三色路238号　邮政编码：610023）
	（北京市方庄芳群园3区3号　邮政编码：100078）
网　　址	http://www.tiandiph.com
电子邮箱	tianditg@163.com
经　　销	新华文轩出版传媒股份有限公司

印　　刷	迪明易墨（天津）印刷有限公司
版　　次	2024年3月第1版
印　　次	2024年3月第1次印刷
开　　本	710mm×1000mm　1/16
印　　张	10.25
字　　数	123千字
定　　价	29.00元
书　　号	ISBN 978-7-5455-8223-9

版权所有◆违者必究

咨询电话：（028）86361282（总编室）
购书热线：（010）67693207（营销中心）

如有印装错误，请与本社联系调换。

编者的话

2012年，我国作家莫言先生获得了诺贝尔文学奖，一时间激起了国内读者阅读诺奖作家作品的热潮。诺贝尔文学奖无疑是世界最具影响力的文学奖项之一，代表着文学创作的卓越成就。一百多年来评选出了上百位得主，他们的作品在思想深度、精神内涵和语言艺术等方面均具有卓越品质。

为了让孩子能够接触到高质量的文学作品，以培养他们的文学素养，提高他们的欣赏品位和阅读品鉴能力，我们想到了为他们选编一套诺奖作家的作品集。

最初，我们很担心诺贝尔文学奖得主的作品由于思想过于深邃而让人感到艰深晦涩，但查阅了上百位诺奖得主的作品后，我们惊喜地发现，大部分诺奖作家都曾写过生趣盎然、简单易懂的作品，即便是孩子，也可以轻松理解。

于是，我们参考了教育部推荐阅读的文学篇目，精选出这套既适合孩子阅读又富有教育启发意义的丛书——诺奖作家给孩子的阅读课。

丛书共六册，分六个主题，涉及孩子成长过程中的六大重要主题。

心智成长：包括《觉醒》（高尔斯华绥）、《勇敢的船长》（吉卜林）和《论创造》（罗曼·罗兰）等作品，帮助孩子培养独立、自信、坚韧不拔等优秀品质，让他们内心充盈起来，能够勇敢面对成长过程中的各种挑战。

生命教育：包括《在异乡》（海明威）、《鹰巢》（比昂逊）和《小银和我》（希梅内斯）等作品，引导孩子意识到生命的宝贵，理解爱与关怀的重要性，珍惜生命，关爱他人，培养孩子积极的人生观。

人生智慧：包括《童年逸事》（黑塞）、《山里人家的圣诞节》（汉姆生）和《安妮与奶牛》（延森）等作品，带领孩子体验世间百态，探索生活的多样性和人生的丰富性，激发孩子对生活的热爱与思考，从而塑造积极的人生态度。

情感启蒙：包括《破裂》（泰戈尔）、《塔楼里的王子》（法朗士）和《暑假作业》（川端康成）等作品，引导孩子认识情感，理解他人的感受，学会表达自己的情感，并与他人建立良好的人际关系。

品格修养：包括《品质》（高尔斯华绥）、《皇帝和小女孩》（萧伯纳）和《艰难的时刻》（托马斯·曼）等作品，着重培养孩子的道德观念与行为准则，以及正直、善良、宽容和有责任感等美好品格，引导他们成为具有良好品格修养的人。

亲近自然：包括《白海豹》（吉卜林）、《一只狗的遗嘱》（尤金·奥尼尔）和《小野猪》（黛莱达）等作品，让孩子认识到大自然中万事万物的美妙和脆弱，培养他们关爱大自然、保护野生动植物的意识。

为了使孩子能够更好地理解和接受这些作品，我们按照阅读的难易程度进行了编排，让他们能够循序渐进地熟悉这些名篇佳作，逐渐爱上阅读。同时，我们为每一篇作品都增加了旁批，包括生词、知识点注释与文段语句赏析，让孩子在阅读的过程中解决障碍，积累知识，拓宽眼界，学会思考。

此外，我们还精心制作了每位作家的档案卡，涵盖作家的生平经历、获奖理由以及适合作为作文素材的佳句名言等。这些辅助内容可以帮助孩子更好地了解作家的生平和创作风格，加深对作品的把握与理解。

我们希望，通过阅读这套书，孩子不仅能感受到文学之美，还能提升阅读理解能力、语言表达能力；不仅能了解到关于生命、生活、自然、社会的有用知识，还能在品格、情感等方面获得成长。

衷心期待这套书能为孩子带来愉快的阅读体验，成为他们人生道路上的良师益友。

目 录

海明威

等了一整天	4
在异乡	10
拳击家	18
没有被斗败的人	33

内莉·萨克斯

蝴　蝶	86
天　鹅	87
安慰者的合唱	88
有多少海水沉入沙中	90

比昂逊

父　亲	94
鹰　巢	100

希梅内斯

小银和我　　　　　　　　　　106

米斯特拉尔

大树的赞歌　　　　　　　　　122
对星星的诺言　　　　　　　　126
财　富　　　　　　　　　　　128
黎　明　　　　　　　　　　　129

拉格洛夫

鸟巢传说　　　　　　　　　　132

帕斯捷尔纳克

松　林　　　　　　　　　　　146
初　寒　　　　　　　　　　　149
春日重现　　　　　　　　　　151
寂　静　　　　　　　　　　　153

生命教育

○ 作家档案

中文名：海明威

外文名：Ernest Hemingway

国籍：美国

出生日期：1899年7月21日

逝世日期：1961年7月2日

认识作者

　　海明威，20世纪美国最著名的小说家之一，是美国"迷惘的一代"作家中的代表人物，其作品对人生、世界、社会都表现出了迷茫和反思。1952年，他出版中篇小说《老人与海》引起极大轰动，并凭借这本书获得了不少奖项。

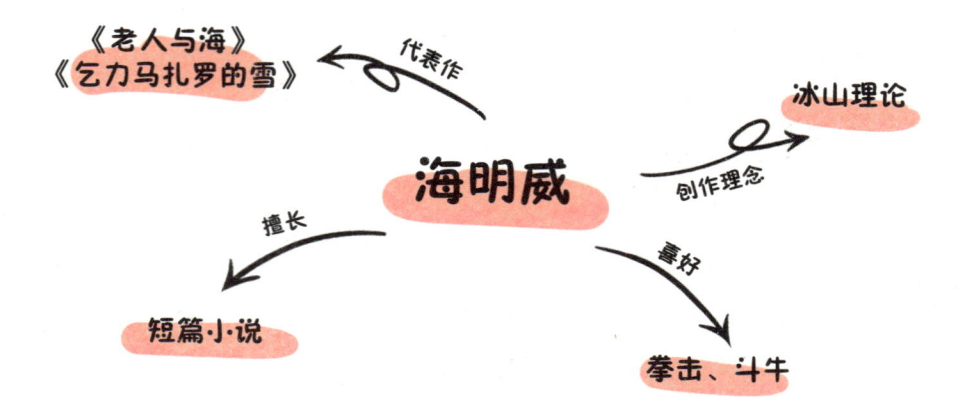

- 《老人与海》《乞力马扎罗的雪》 ← 代表作 — 海明威
- 海明威 — 创作理念 → 冰山理论
- 海明威 — 擅长 → 短篇小说
- 海明威 — 喜好 → 拳击、斗牛

1954年诺贝尔文学奖

获奖理由：

　　因为他精通于叙事艺术，突出地表现在其近著《老人与海》之中；同时也因为他对当代文体风格之影响。

创作风格

　　海明威的创作方法和艺术风格被人称作"冰山理论"，他认为：一部作品好比"一座冰山"，露出水面的是1/8，而有7/8是在水面之下，写作只需表现"水面上"的部分，而让读者自己去理解"水面下"的部分。因此，海明威的小说中心极为突出，毫无枝蔓；叙事客观，不加任何解释和议论；修辞质朴，一般不用富丽的比喻和形容词，多用简短而潜台词丰富的人物对话。

作文素材

　　人不是为失败而生的，一个人可以被毁灭，但不能被打败。《老人与海》

　　不同的青春，同样的迷惘。然而，青春会成长，迷惘会散去。夜过后，太阳照常升起！《太阳照常升起》

　　社会是一艘大船，所有人都在同一艘船上，当船上有一个人遭遇不幸的时候，很可能下一个就是你。《丧钟为谁而鸣》

等了一整天

张庆彬/译

当他进我们的房间关窗时，我们还没起床，我发现他好像生病了。他浑身颤抖，脸色发白，走起路来慢吞吞的，看起来好像很痛苦。

"你怎么啦，沙茨？"

"我有点儿头痛。"

"你还是卧床休息吧。"

"不用，没事儿。"

"你回床上休息，我穿好衣服就去看你。"

等我下楼，他已经穿好了衣服，安静地坐在火炉旁。这个九岁的小男孩看上去虚弱不堪，十分可怜。我摸了摸他的额头，知道他发烧了。

"你上楼去睡觉吧，"我说，"你生病了。"

"我没事儿。"他说。

医生来了，给孩子量了体温。

"多少度？"我问医生。

"一百零二度。"医生说。

在楼下，医生开了三种不同颜色的药丸，并说明了服用方法。第一种是退热的，第二种是止泻

> ✏️ 先写外貌，再写到动作（走路）很慢，勾勒出一个病人的样子。

> ✏️ 医生当着孩子的面报了体温，却在楼下开药嘱咐，设下悬念。作者有意轻描淡写，想让读者忽略过去。

海明威

的，第三种是控制体内酸碱度的。医生解释道，流感病毒只能存在于酸性体质中。他看起来是流感方面的专家，说只要发烧不超过一百零四度就不用担心。这只是普通流感，不引发肺炎就没有危险。

回屋后，我记录下了沙茨的体温和服药时间。

"沙茨，想要我给你读故事书吗？"

"好的，那就读一会儿吧。"沙茨说。他脸色苍白，有着很重的黑眼圈，躺在床上一动也不动，好像在发呆。

✏️ 增加黑眼圈的细节描写，以表达病的严重程度。

我开始大声给他读霍华德·派尔的《海盗集》，但我看得出来他没有在认真听。

"感觉怎么样，沙茨？"我问。

"还是老样子。"他说。

我坐在他床边给他读书，等时间到了就提醒他吃药。原本他是一个非常容易入睡的孩子，但我抬眼一看，发现他正望着床脚，神情非常古怪。

✏️ "古怪"两个字体现出小男孩的情绪不对，似乎不只是生病难受，而是在担心别的什么事情。

"你怎么不睡一会儿呢？到吃药的时候我会叫醒你的。"

"我不想睡觉，我想醒着。"

过了一会儿，他对我说："爸爸，要是你心烦就不用在这儿陪我。"

✏️ 体现男孩的勇敢和善解人意。

"我不心烦。"

"不，我是说如果我让你心烦的话，你就不用在这儿陪我了。"

我觉得他还是有点儿不舒服，到了十一点，我提醒他吃了药后，就走到外面待了一会儿。

那天天气十分晴朗，但有点儿冷，地上的雨雪都结成了冰，光秃秃的树木、灌木、草地和空地上都被一层薄冰覆盖了。我带着一只小猎狗，沿着结冰的小溪散步。在光滑的路面上，无论是站着还是走着都不太容易，小狗轻轻一跑就滑倒了，我也跟着摔了两跤，其中一次，我的枪都摔掉下来了，在冰上滑出很远。

有一群鹌鹑躲在灌木的土墩下，被我们的动静惊得飞起来，然后我就用枪打死了两只。有一些鹌鹑栖息在树上，但大多数都躲在灌木林里，要想把鹌鹑惊得飞出来必须得在那结冰的土墩上蹦跶几下。它们飞出来的时候，我和小狗还在薄冰上摇摇晃晃，难以站稳，这种情况下要打到鹌鹑非常困难，但我还是打中了两只。我们动身回家，这时发现靠近屋子的地方也有一群鹌鹑。我很开心，这意味着第二天我还可以找到好多鹌鹑。

到家后，家里人说沙茨不让任何人进他屋里。

"你们不能进来，"他说，"我不想传染给你们。"

我走上楼，发现他还是我离开时的那种状态，

✏️ 一段轻松悠闲的描写与下文男孩的"绝望"形成鲜明对比。

✏️ 不让人进屋，显示出男孩怕家人被他传染，表现了他的善良与勇敢。

海明威

脸色苍白,没有精神。可能是发烧的缘故,他的脸颊透着微微的红色,还像早晨那样怔怔地望着床脚。

> 形容一个人发愣的样子。

我给他量了体温。

"多少度?"他问。

"一百度左右。"我说。其实是一百零二度。

"肯定是一百零二度。"他说。

"谁说的?"

"医生说的。"

"你的体温还可以,不算高。"我说,"没什么好担心的。"

"我不担心,"他说,"但是我没办法不想。"

"别想了,"我说,"不要着急。"

"我不急。"他说。他的眼睛一直望着前方,好像心里藏着什么事情。

"来,把药吃了。"

"吃药有用吗?"

"当然有用啦。"

我坐了下来,又打开那本《海盗集》给他读,但我看出他仍然心不在焉,我就停了下来。

"你觉得我什么时候会死?"他突然说。

"什么?"

"我还能活多久?"

> 一句话让男孩之前的古怪表现得到解答,原来男孩误以为自己"要死了",才会"神情非常古怪"和"怔怔地望着床脚"。

"怎么突然这么说呢？你不会死的。"

"不，我要死了，我刚刚听见医生说我发烧到一百零二度。"

"傻孩子，发烧到一百零二度是不会死人的。"

"会死的。在法国读书的时候，有同学告诉过我，人要是发烧到了四十四度就活不成了，可我已经发烧到一百零二度了。"

原来从早上九点钟起，他就一直在等死，都等了一整天了。

"可怜的小傻瓜。"我说，"你不会死的，这是两种不同的体温标准啊，就像英里和公里是两种不同的距离标准一样！另一种体温标准中，三十七度是正常体温，而我们的标准中，正常体温是九十八度。"

"真的吗？"

"当然是真的，"我说，"就好比英里和公里的差别一样，你想想，如果我们开车时速是七十英里，换算成公里的话时速是多少？"

"哦，原来是这样。"他说。

他盯住床脚的目光慢慢松弛下来了，他内心的紧张也终于平静了。第二天，他整个人都正常了，为了一点小事，动不动就哭了。

✏️ 点题。回顾开头，为小说做一个总结，同时解释了小说的题目。

🔖 英美制长度单位，1英里约合1.6公里。

✏️ 前后呼应。沙茨误以为自己会死时怔怔地盯着床脚，而此刻疑虑解除，于是盯着床脚的目光开始放松。

海明威

> **阅读小助手**
>
> 　　这篇小说围绕男孩沙茨因为不懂"华氏度"和"摄氏度"的区别，误以为自己会病死设置了一个巨大的悬念。
>
> 　　其实，华氏度和摄氏度都是温度的计量单位，分别由两位科学家发明。摄氏度是设定冰水混合物的温度为0摄氏度，沸水的温度是100摄氏度，而华氏度的设定是冰点为32华氏度，沸点是212华氏度，所以1摄氏度等于33.8华氏度。
>
> 　　因此，华氏度的度数看起来要比摄氏度高很多。

在异乡

张庆彬/译

秋天的时候，战争还没有结束，但我们不用再去前线了。米兰的深秋十分寒冷，天黑得也很早。转眼间，华灯初上，沿街欣赏橱窗很是惬意。商店门外挂着许多动物野味：狐狸的卷毛上落满了雪花，尾巴在风里飘荡；一只鹿僵硬地吊在那里，沉沉的，肚子干瘪；几只小鸟在风里荡来荡去，风翻卷着它们的羽毛。今年的秋天十分寒冷，寒风不停从山岗上吹下来。

每天黄昏时分，我们都会去医院。一共有三条通往医院的路，两条沿着运河，因为运河太长了，所以人们总是走横跨运河的桥。河上有三座桥，人们可以自由选择。其中一座桥上面有个卖炒栗子的女人，她的炭火总是让人浑身暖和。炒栗子放在口袋里，好一会儿都还是热乎乎的。我们首先来到一个庭院，走过庭院，穿过对面的门，就到医院了。这座医院十分古老、幽静，有几幢新造的房屋。每天下午，我们都聚在那里，坐在那间将为我们治病的治疗室里，大家都很有礼貌，互相询问着病情。

第一段反复强调"深秋""寒冷"，既是环境描写，也为整个故事铺垫一层伤感的色调。死狐、死鹿和死鸟的描绘与下文中四肢伤残的伤兵形象形成对照。

意大利北部城市。

形容夜幕刚刚降临，城市的灯光逐渐亮起。

海明威

医生走到我的椅子旁，问："战前，你有喜欢做的事吗？玩球吗？"

"有的，我喜欢踢足球。"我说。

"好的，"他说，"你肯定可以重新踢足球的，而且会比以前踢得更好。"

我的膝关节受伤了，小腿僵直，枯瘦干瘪。治疗仪能帮助膝关节进行灵活弯曲，可是我还没有恢复到这个程度。治疗仪转到膝关节时便开始倾斜，无法正常运作了。医生说："一切都会顺利的，小伙子，你一定会康复，以后一定可以重新踢足球，就像职业运动员一样。"

旁边的椅子上坐着一位少校，他的一只手萎缩得像个娃娃的手。治疗仪夹着那只小手，帮助他那僵硬的手指活动。轮到少校检查时，他对我眨眨眼，问医生："我还能重新踢足球吗，医生？"这位少校战前是意大利最优秀的击剑手，剑术非常高超。

此时的少校心态轻松，爱开玩笑，与下文的变化形成鲜明对比。

医生去后面的房间拿来了一张照片，照片上面也是一只萎缩的手，几乎同少校的手一样小。那是另一个病人治疗之前的照片，治疗后他的手就恢复很多了。少校用另一只好手拿着照片，仔细地看着，问："他受的是枪伤吗？"

"不，他是工伤。"医生回答。

"挺好,挺好。"少校把照片递还给医生。

"你现在有信心了吧?"医生问道。

"没有。"少校说。

每天,还有三个同我年龄相仿的年轻人到医院接受治疗。他们都是米兰人。一个想当律师,一个要做画家,另一个想当兵。有时,结束了一天的疗程,我们会一起步行去斯卡拉隔壁的科瓦咖啡馆。因为我们是四个人结伴同行,所以就敢从共产党人聚居区那里抄近道回去,毕竟他们憎恨我们这些军官。我们走过时,有家酒店里有人喊道:"打倒军官!"医院里还有个年轻人,有时会跟我们同路。那时,他的鼻子伤残了,还没恢复,脸上蒙着一块黑丝绢。他从军校直接投身前线,一小时后便负了伤。医生们给他进行了整形治疗,可是,由于他出身于一个相貌奇特的古老家族,医生怎么也无法使他的鼻子恢复正常。他到过南美洲,在一家银行里工作,但那是很久以前的事了。我们谁都不知道未来会是什么样,只知道仗还在打,一直在打,似乎永无休止。不过,我们再也不用上前线了。

除了脸上包着黑丝绢的小伙子,我们四个人都佩戴着同样的勋章。那个小伙子在前线待的时间不长,所以没有得到勋章。除了那个想当律师、脸色苍白的高个子得了三枚勋章,我们都是一枚。高

> 米兰著名的歌剧院。

> 第二次提到再也不用上前线,表达了"我们"不仅身体被战争摧残,心灵上也厌恶了战争。

海明威

个子是意大利突击队上尉，在前线待了很久。我们除了每天下午在医院里相遇，就没有其他交情了。然而，每次我们穿过城里的"禁区"到科瓦咖啡馆去，或在黑夜中行走，看着酒店里灯光闪烁，或当我们不得不穿过熙熙攘攘的人群，挤到街上去的时候，便有一种由于某种类似的遭遇而带来的归属感，那些讨厌我们的人永远无法理解这种感受。

我们几个人都很熟悉科瓦咖啡馆，那儿非常温暖。每天总有一段时间人声鼎沸，许多姑娘坐在桌边，壁架上摆着几份报纸。咖啡馆的姑娘们非常爱国，我觉得，在意大利最爱国的就是咖啡馆的姑娘。即使是现在，我也相信她们是爱国的。

> 形容人声嘈杂就像鼎里的水沸腾起来一样。

起初，因为我佩戴着勋章，伙伴们对我还十分礼貌，问我是怎样获得勋章的。我拿出奖状给他们看，上面是些冠冕堂皇的词语，如"友爱""贡献"。但是，透过这些官方词汇，可以看出我受奖的原因仅仅是我是个美国人。从那以后，他们对我的态度有点变了。尽管跟外人相比，我们还是朋友。然而，自从看过奖状上的评语后，他们不再把我当成好朋友了，因为我们获奖的原因不同。他们是历尽艰险才得到的勋章。尽管我也受了伤，但大家都明白，每个打仗的人都可能受伤。不过，我从来没有因为获得这枚勋章而感到羞愧。有时，在黄

> 形容表面上庄严或正义的样子。

> 一个到异国他乡参战的青年负伤后却得不到友谊，这使得"在异乡"的落魄情绪更为浓烈。

13

昏时分，我喝得大醉之后，也会想象自己是经历过伙伴们为得到勋章而做的一切的。可是，在秋风瑟瑟的夜晚，路边店面都关上门后，我一个人在空荡荡的街上独行时，总会尽量挨着街灯走，这时我便意识到自己绝不会冒那种风险，我是多么惧怕死亡啊！有时在夜里，我独自躺在床上，一想到死就感到害怕，担心重返前线后会很悲惨。

> 形容轻微的声音。

然而，那三个获得勋章的人却像三只勇猛的猎鹰。虽然从未打过猎的人可能把我也看作鹰，但我不是。他们三个都很清楚这点，于是和我渐行渐远。不过，那个在前线第一天就挂彩的小伙子依然跟我要好，因为他现在根本不明白他会变成怎样的人。我喜欢他，因为我知道，他也不会变成猎鹰。这样一来，别人也不会把他当作知己了。

那位杰出的击剑手少校，他不相信人是勇敢的。进行治疗时，他总是花大量时间纠正我的意大利语法错误。不过，他夸奖我口语流畅，我们可以轻松地使用意大利语闲聊。有一次，我对他说，意大利语太容易了，一学就会，我没什么兴趣了。少校说："嗯，那你为什么不研究一下语法呢？"他开始教我语法。过了不久，我感到意大利语完全变了，在我没弄清句子结构前，就不敢同他交谈了。

少校不相信仪器治疗，可他总是按时到医院。

海明威

有一段时间，我们都不相信治疗仪了。甚至有一天，少校说这简直是胡闹。那时，那种理疗椅刚刚问世，我们刚好去做试验品。少校说："这真是白痴才会想出的花样，拿我们做试验品。"我学不好意大利语法时，他也骂我是个大笨蛋，还说自己也是个傻瓜，竟然费尽心思来教我语法。少校个子不高，却笔挺地坐在理疗椅中，将右手伸入机器，让牵引带夹着手指翻动，眼睛直盯着墙壁。

"如果真的有一天，战争结束了，你打算干什么？"少校问我，"注意，语法要正确！"

"我打算回美国。"

"你结婚了吗？"

"还没有，但有这个想法。"

"你太蠢了。"他很恼火，"男人绝不能结婚。"

"为什么，少校先生？"

"别叫我少校先生！"

"为什么男人不该结婚？"

"我说不该就是不该，"他怒气冲冲地说，"如果一个人将要失去一切，他不该将自己置于失去一切的边缘。他不该使自己陷入那种境地，他应当寻找不会失去的东西。"

他说得非常愤慨，眼睛直瞪着前面，显得非常

✏️ 聊聊未来也许是战争时期的一丝安慰。

恼怒。

"可一个人为什么会失去一切呢？"

"肯定会失去的。"少校说。他低下头看着治疗仪，粗鲁地把小手从牵引带里抽出来，在大腿上狠狠拍打。他大吼："肯定会失去，别跟我争辩！"接着他对着护理员喊："把这该死的东西关掉！"

然后，他去另一间诊室接受光疗和按摩了。过了一会儿，我听见他向医生借用电话。后来，他回到了我的房间。我正坐在理疗椅中，他披着斗篷，戴着帽子，把好手搭在我的肩上。"真对不起，"他说，"刚才我太失礼了。我妻子刚去世，请原谅我。"

"噢……"我惋惜地说，"真是遗憾。"

他站在那儿，咬着下嘴唇，"想要忘掉痛苦，真是太难了！"

他望着窗外，突然哭了起来。"我忘不掉！"他边说边哽咽着，开始失声痛哭。他又抬起头，茫然地望着前方，泪水不断从两颊流下。最后，他挺起腰，带着军人的姿态，穿过一排排手术椅，走出门去。

后来医生告诉我，少校的妻子死于肺炎，还很年轻，少校直到受伤从前线回来后才同她结婚。

> 悬念揭晓。少校遭受丧妻之痛，当"我"问为什么不能结婚时，才显得非常恼怒。

海明威

她只病了几天,谁也没料到她会死。她过世后的三天,少校没来医院。之后,他来到医院时,军服的袖子上戴着一块黑纱。那时,医院的墙上挂着各种镶着大框的医疗照片,照片里是各种病例治疗前后的对比画面。在少校坐的理疗椅的对面墙上,挂着三张类似他的病例的照片,经过整形治疗,那些小手现在已经恢复成正常的手了。我不知道医生从哪儿弄来的这些照片。我一直以为,我们这些人是这种治疗仪的第一批试验对象。不过,少校不太在意那些照片,他只是淡然地望着窗外。

✏️ 少校清楚自己的手无法康复,于是淡然地望着窗外,独自面对外面那个残酷的现实世界,拒绝活在医生用照片编织的虚假中。

阅读小助手

这篇小说很有海明威的自传性质,他在第一次世界大战期间,以救护车司机的身份,在欧洲战地工作,1918年在前线受伤,获得过英雄勋章。小说没有直接描写战场的血腥和暴力,而是通过几个伤残士兵的内心世界,展现战争的残酷。战争不仅伤害人的身体,更残忍的是还能摧毁人们对生活的希望。

拳击家

张庆彬/译

尼克站起身，像没事似的。他抬头望着铁轨，末节货车转过弯，直到看不见灯光。铁轨两边都是水，落叶浸在水中。

> 这是尼克第一次出门走向社会所受的伤，预示着一个少年成长的必经之路。

他摸摸膝盖，发现裤子和皮肤都划破了，两只手也都擦伤了，指甲里还嵌着沙子和煤渣。他走到铁轨另一侧，到水边洗手。水很凉，他仔细洗着，先把指甲里的沙子冲洗掉，然后蹲下来，清洗膝盖。

尼克心想，这个扳闸工真是个混蛋，迟早有一天要找到他，给他点颜色瞧瞧。不过那混账家伙的手段真是巧妙。

那家伙对他说："过来，小子，我给你看样东西。"

他上当了，他下回绝对不会再信了。

"来啊，小子，我给你看样东西。"结果尼克走过去，整个人就倒在铁轨上了。

尼克摸了摸眼睛，肿起了一个大包，眼圈肯定发青了，他已经感到痛了。那个扳闸工真是个

海明威

混蛋！

他摸了一下眼睛上的肿块，心里暗自庆幸，还好只是一只眼圈发青，受这么点儿伤，代价还不算太大。他想看看自己的眼睛，可是天色昏暗，水里照不出来。他在裤子上擦擦手，爬上路堤，走到铁轨上。

他沿着铁轨继续前行，道砟(zhǎ)铺得匀整，路面非常坚实。尼克一路向前走着，他需要找到一个落脚点。

> 铺在铁路路基上面的石子儿。

刚才在列车减速开往调车场时，尼克就偷偷爬上了车厢。天色擦黑时，尼克搭的货车才开过卡尔卡斯卡，这会儿快到曼塞罗那了。尼克要顺着水洼地走三四英里，他顺着铁轨一直向前走，这些水洼地在薄雾里忽明忽暗，时隐时现。他眼睛又痛，肚子又饿，已经走了好几英里，但是铁轨两旁的水洼地看起来依然没什么变化。

后来，尼克看见前面有一座桥，桥下的水看着黑漆漆的。桥外是一群山峦，同样黑漆漆的。在铁轨那头，尼克看见火光闪烁。

他沿着铁轨小心地朝火光走去。他只看到了火光，火堆在一块平地上，被树木遮住了。尼克顺着路堤下来，穿过树林向火堆走去。他的鞋子踩着地上的坚果发出嘎吱嘎吱的声音。火堆就在林边，

> 火光和人的沉默，增强了故事的神秘感。

看着十分明亮。有个人坐在火堆旁。尼克在树后躲着，静静地观察着。那个人坐在那儿，双手捧着脑袋，盯着火。尼克一步跨出来，走到他身旁，但他还是一动不动。

"你好！"尼克说道。

那人抬眼看了看。

"你那个黑眼圈是怎么弄的？"他问。

"一个扳闸工打了我一拳。"

"你是从列车上摔下来了吗？"

"对，我早晚揍他一顿。"

"我瞧见那个混蛋来着。大约一个半小时前，他刚路过这儿。他在车顶上走来走去，一边甩着胳膊，一边欢快地唱歌。"

"可恶的混蛋！"

"他揍完你肯定感到很舒服。"那人认真地说。

"我早晚要揍他一顿。"

"等他经过，向他扔石头就行了。"

"我要找他算账！"

"你也是个硬汉吧。"

"我不是。"尼克答道。

"你们这些年轻人都是硬汉。"

"否则只能受欺负啊。"尼克说。

"你说得对。"

海明威

　　那人瞧着尼克，笑了起来。在火光下尼克看到他已经毁容了，鼻子塌下去，眼睛成了两条细缝，两片嘴唇形状奇怪。尼克一下子没有完全看清，只是看到这人的脸很奇怪。在火光下，他脸色灰白，如死尸一样。

　　"你一定不喜欢我这副面容吧？"那人问。

　　尼克感到有些尴尬。

　　"怎么会呢。"尼克尴尬地说。

　　"让你看一下！"那人摘下帽子。

　　他只有一只耳朵。另一只耳朵只剩下个耳根。

　　"见过这样的长相吗？"

　　"没见过。"尼克说道，他有点恶心。

　　"我受得住，难道你以为我受不了，小伙子？"那人说道。

　　"当然不是！"

　　"他们的拳头落在我身上都开了花，可谁也伤不了我。"那人说道。

　　他瞧着尼克，说："坐下，想吃点东西吗？"

　　"不用麻烦了，"尼克说，"我要去城里。"

　　"叫我阿德就行。"那人说。

　　"好！"

　　"听着，我这人有点儿问题。"那人说。

　　"怎么了？"

▍外貌描写为后文交代阿德的经历埋下伏笔。

▍拳头开花，形容打得皮开肉绽。

21

"我疯了。"

他戴上帽子。尼克忍不住想笑出声来:"你很正常啊。"

"不,我不正常,我是个疯子。嗯,你发过疯吗?"

"没,你怎么发疯的?"尼克问。

"我不知道,"阿德说,"人要是疯了,他自己是不知道的。你认识我吗?"

"不认识。"

"<u>我叫阿德·弗朗西斯。</u>"

> 这个人是尼克仰慕的著名拳击运动员。

"真的吗?"

"你不信?"

"当然信。"

尼克知道这肯定错不了。

"你知道我怎么打败他们的吗?"

"不知道。"尼克说道。

"我心脏跳得很慢,一分钟只跳四十下,你可以把脉数一下。"

尼克犹豫不决地站在那。

突然,阿德抓住了他的手,说:"来啊,抓住我的手腕,把手放在脉上。"

阿德的手腕很粗,肌肉隆起有力,尼克的指尖感到他脉搏跳动得很慢。

海明威

"你有表吗？计个时。"阿德问。

"没有。"

"我也没有，没表真不方便。"阿德说。

尼克放下了他的手腕。

"听着，你再把一下脉。你数脉搏，我来计时，数六十秒。"阿德·弗朗西斯说。

尼克的指尖摸到缓慢有力的脉搏，他就开始数了起来，然后他听到阿德大声地数着："一、二、三、四、五……"

"六十，"阿德数完了，"正好一分钟，你数的脉搏是多少下？"

"四十下。"尼克说道。

"完全正确，我的脉搏一直都很慢。"阿德高兴地说。

这时，有个人顺着路堤走下来，穿过空地走到火堆边。

"喂，布格斯！"阿德喊。

"喂！"布格斯应道。听这声音，像是个黑人。再瞧他走路的样子，尼克就知道布格斯是个黑人。尼克正在弯腰烤火，背对他们站着。他不由直起身子。

"这是我的老朋友布格斯，他也疯了。"阿德介绍道。

✏️ "顺着路堤""穿过空地"这样的表述，让文字有了空间感，使读者能够感受到画面。

"幸会，幸会。你是从哪儿来的？"布格斯说。

"芝加哥。"尼克说。

"芝加哥好啊。你叫什么？"黑人说。

"尼克·亚当斯。"

"布格斯，尼克说他从没发过疯！"阿德说。

"那是他运气好。"黑人说着，在火堆旁打开一包东西。

"布格斯，咱们还有多久吃饭？"职业拳击家阿德问。

"马上就吃。"

"尼克，你饿吗？"

"饿坏了。"

"听到了吗，布格斯？"

"你们说的话我都能听到。"

"我问的不是这个。"

"听到了，我听到这位先生说的话了。"

> 通过做饭这一非常普通的事，展现了阿德的生活状态。

黑人往一个平底锅里放上了火腿肉片，锅烫了，滋滋地冒着烟，布格斯又在锅里打了几个鸡蛋，不时翻动着，免得鸡蛋煎煳了。

布格斯转过来说："亚当斯先生，请你切几片袋子里的面包。"

"好的！"

尼克拿出一个面包，切了六片。阿德眼巴巴看着他，探过身去。

"尼克，把你的刀子给我。"阿德说。

"别给他！亚当斯先生，拿好刀子。"黑人说。

拳击家坐着不动了。

"亚当斯先生，请把面包给我。"布格斯说。尼克把面包递给他。

"你喜欢面包蘸火腿油吗？"黑人问。

"那还用说！"

"咱们还是最后再那样吃吧——等到快吃完的时候。接着！"

黑人夹起一片火腿放在面包片上，又在上面盖了个煎蛋。

"请你把三明治夹好，递给弗朗西斯先生。"

阿德接过三明治，张口就吃。

"小心别让蛋液淌下来。"黑人提醒，"这个给你，亚当斯先生，剩下的归我。"

尼克咬了一口三明治，热乎乎的火腿煎蛋味道真不错。

"亚当斯先生看来真是饿坏了。"黑人说。阿德没吱声，尼克已经知道他是过去的拳击冠军，很仰慕他，自从黑人说过刀子的事后阿德还没开过口呢。

✏️ 黑人善良心细，不仅能照顾拳击家，还对第一次见面的尼克非常友好。

> 阿德是阿道夫的爱称。

"给你来一片蘸热火腿油的面包吧？"布格斯问尼克。

"多谢，多谢。"

小个子白人瞧着尼克。

"阿道夫·弗朗西斯先生，你也来点吗？"布格斯从平底锅里取出面包给阿德。

阿德不理他，继续盯着尼克。

"弗朗西斯先生？"黑人温柔地说。

阿德没有回应，仍然专注地瞧着尼克。

"我跟你说话呢，弗朗西斯先生。"黑人的声音仍然很温柔。

阿德一直盯着尼克，然后拉下了帽檐，遮住了眼睛。尼克感到紧张不安。

"你怎么敢这样？"阿德从压低的帽檐下厉声质问尼克。

> 由于尼克没有借刀子给阿德，阿德就怒气冲冲，严厉地质问尼克，简单几句话就描写出阿德的精神不稳定。

"你把自己当成什么人了！你这个自以为是的混蛋。没人请你，你自己找上门，还吃了人家的东西！我问你借刀子，你居然敢不借给我。"

他狠狠瞪着尼克，脸色煞白，帽檐低垂，几乎看不到他的眼睛。

"你真是个怪人，到底是谁请你来这儿多管闲事的？"

"没人。"

海明威

"你说得对，没人请你来，也没人请你待在这儿。你自己跑到这儿来，当着我的面大摇大摆，抽我的雪茄，喝我的酒，你以为我们能容忍你到什么地步？"

尼克一声不发。阿德站起身来。

"老实跟你说，你这个芝加哥胆小鬼，小心脑袋开花，你听明白了吗？"

尼克后退一步，小个儿慢慢地向他逼近，一步一步向前走去，左脚迈出一步，右脚紧随其后。

"来揍我啊，试试看，你敢吗！"拳击家晃着脑袋。

拳击家突然发怒，把小说的紧张气氛推向高潮，让人忍不住去想到底是什么让拳击家前后判若两人，失去理智的。

"我不想揍你。"

"你别以为这样就没事了，等会儿我就揍你，明白吗？来啊，先打我一拳试试。"

"别闹了！"尼克说。

"来啊！"

拳击家盯着尼克的脚，他从火堆旁站起来的时候，黑人就一直跟着他，趁他低头的时候，黑人稳住身子，冲着他的后脑勺"啪"的一下子，拳击家倒在了地上。黑人把裹着布的棍子丢在草地上，拳击家在地上躺着，脸埋在草堆里。黑人把他抱到火堆旁，他耷拉着脑袋，眼睛睁着，脸色吓人。黑人轻轻地把他放下。

> 黑人这样驾轻就熟，说明拳击家不是第一次发病了。

"亚当斯先生，请你把桶里的水拿过来。我刚刚下手可能重了点儿。"他说道。

<u>黑人把水拍在他脸上，轻轻地拉了一下他的耳朵，他的眼睛才闭上。</u>

布格斯站起身。

"他没事，不用担心。真对不起，亚当斯先生。"他说道。

"没关系。"尼克低头望着小个子。他看见草地上的棍子，顺手捡了起来。棍子上有个柔软的把儿，拿在手上感觉很舒服，它是用旧的黑皮革做的，重的一头用手绢裹着。

"这是鲸骨把儿，现在已经没人再做这东西了，"黑人笑着说，"我不知道你自卫能力怎么样，但无论如何，我不希望你打伤他，或是打中他要害，也不希望他打伤你。"

说完，黑人又笑了。

"所以你自己把他打晕了。"尼克说。

"我知道该怎么办，他根本不会记得的。每当他这样发作，我只能敲他一下，让他冷静下来。"

尼克低头看着躺在地上的小个子，在火光中他闭着眼。布格斯往火堆里添了些柴火。

"亚当斯先生，你不必为他担心，他这模样我见多了。"

海明威

"他为什么会发疯呢？"尼克问道。

"噢，原因有很多。"黑人在火边答道，"亚当斯先生，要来杯咖啡吗？"

他递给尼克一杯咖啡，将衣服垫在阿德脑袋下，再将衣服捋平。

"一方面，他挨打的次数太多了，不过挨打只是让他的头脑变得简单了些，"黑人喝着咖啡说，"另一方面，当时他妹妹是他的经纪人，报纸上总是报道她多爱哥哥、他多爱妹妹，后来他们就在纽约结婚了，这下子就引来了不少麻烦。"

> 通过别人的口来讲述阿德的经历，使悲剧的色彩更浓。

"这事我记得。"

"是吧，他们根本不是什么兄妹，纯属瞎说，可是，就有不少人横竖都看不顺眼，议论纷纷。最后，她离家出走了，再也没有回来。"

他喝了口咖啡，用淡红色的掌心抹了抹嘴。

"后来他就发疯了。亚当斯先生，你要再来点咖啡吗？"

"不了，谢谢。"

"我见过她几回，"黑人继续说，"她长得特别漂亮，看上去跟他像双胞胎。其实，要不是他的脸被人打变形了，他也不算难看。"

黑人沉默了下来，看来故事讲完了。

"你在哪儿认识他的？"尼克问道。

"在牢里，自从她出走以后，他老是揍人，结果人家就把他关进牢里，我因为砍伤一个人也进牢里了。"黑人说。

他笑了笑，继续说下去：

"我很喜欢他，出了牢就去看望他。他偏要拿我当疯子，但我无所谓。我愿意陪着他，我喜欢见见世面，这样的话，也用不着去偷盗犯罪了。我希望过个体面人的生活。"

"那你们现在都干些什么呢？"尼克问道。

"噢，也不做什么。就是到处流浪，他可有钱了。"

"他肯定挣了不少钱吧？"

> 阿德的遭遇和值得同情。

"是的，不过，他把钱全花光了，要不就是全被人抢走了，现在她还给他寄钱呢。"

黑人拨了拨火堆的柴火。

"她这个女人真是太好了，"他说，"看上去简直跟他像双胞胎。"

黑人看着在地上躺着直喘大气的拳击家。他的金发散乱地遮住了额头，那张被打得破相的脸，在睡觉的时候看上去像孩子一般恬静。

"亚当斯先生，我随时都可以叫醒他。如果你不介意的话请趁早离开吧，不是我不愿意好好招待你，只是我怕他见到你又要发疯了。我实在不想敲

海明威

他脑袋，可是碰到他犯病只能这么做，我只有尽量让他少见人。亚当斯先生，你不介意吧？得了，别谢我，亚当斯先生。我早就该警告你小心他了，不过他看上去好像很喜欢你，我以为会平安无事的。你沿着路轨走两英里就能看到城市了，我们都叫它曼塞罗那。再见吧，我很想留你过夜，可是实在办不到。你要不要带着点儿火腿、面包，你最好带一份三明治吧。"黑人这一番话说得非常有礼貌，声音低缓而柔和。

"好的，那么再见吧，亚当斯先生。再见，一路顺风！"

尼克离开火堆，穿过空地走到铁轨上去。一走出火堆范围，他就竖起耳朵听着，只听得黑人低沉柔和的声音在说话，但听不出具体在说些什么。后来又听到小个子说："布格斯，我脑袋好痛啊。"

"弗朗西斯先生，会好起来的，你只需要喝一杯热咖啡就好了。"黑人安慰他。

尼克爬上路堤，走上铁轨。他想起来手里还拿着一份三明治，就把它放进了口袋。趁着铁轨没拐进山里，他站在逐渐高耸的斜坡上回头望去，还看得见空地上那片火光。

✏ 这一细节表现了小人物之间的真情与友爱。

阅读小助手

　　这篇小说属于"尼克·亚当斯"系列之一,讲述少年尼克第一次离开家外出,趁着天黑上了货运火车,结果被扳闸工打了下来。他沿着铁轨前行,在树林里的火堆旁,见到自己仰慕已久的拳击家,而拳击家已经因为命运的捉弄,不仅毁了容,精神也出了问题。

　　小说里,人与人之间的善意和恶意是交织的。众人对待拳击家和妻子的谣言、扳闸工对待尼克是恶意的;黑人照顾拳击家、友善对待尼克,又是善意的。所以面对生活与命运的磨难,我们还是要勇敢坚强面对,相信世间总是存在善良和希望,不能自暴自弃。

海明威

没有被斗败的人

张庆彬/译

曼纽尔·加西亚提着行李箱，来到二楼唐米格尔·雷塔纳的办公室门前，敲了敲门，没有人应答。他站在门口，里面应该是有人的。

"雷塔纳！"他大声叫道。

没有人回答。

他肯定在里面，曼纽尔心想。

"雷塔纳！"他又喊了一声，砰砰敲了几下门。

"谁？"办公室里传来声音。

"我，曼纽尔。"曼纽尔回答。

"什么事？"那声音问。

"我想找点活干。"曼纽尔说。

门咯吱咯吱响了几下，猛地打开了。曼纽尔提着箱子走了进去。

一个小个子男人坐在房间另一头的办公桌后，身后的墙上挂着一个公牛头，是由马德里动物标本制作者剥制的。除了这个标本，墙上还有几幅装裱好的照片和斗牛海报。

✏️ 开门见山。海明威的很多小说首段都没有环境、氛围铺垫，而是直接写人物。

33

> 为后文埋下伏笔。

小个子男人坐在那儿看着曼纽尔。

"我还以为你已经死了呢。"他说。

曼纽尔没有回答，只是慢悠悠地用指关节敲着办公桌。

"今年你斗过几次牛？"雷塔纳问。

"一次。"他回答。

"就是那次？"

"就那一次。"

"我在报纸上看到了。"雷塔纳把身子往椅背上靠了靠，盯着曼纽尔。

曼纽尔抬头看了看那个公牛标本。他以前常常能看到它，他们家人对这个标本有一种独特的感情。九年前，正是这头公牛戳死了他的哥哥，一个前途光明的斗牛士，曼纽尔至今还记得那悲惨的一天。公牛头的盾形橡木座上有一块铜牌，曼纽尔不认识上面的字，但他想那准是用来纪念他哥哥的。

那牌子上写着："贝拉瓜公爵的公牛'蝴蝶'，曾九次被七匹马上的矛刺中，于1909年4月27日杀死了见习斗牛士安东尼奥·加西亚。"

雷塔纳见他在看公牛头。

"贝拉瓜公爵又送来几头牛，腿脚都不太利索，星期天上场时一定会出麻烦的。咖啡馆里的人有没有说点什么？"

海明威

"我不知道,"曼纽尔说,"我刚到这儿。"

"也是,你手里还提着箱子呢。"他说,"坐下来说吧,把帽子摘了。"

曼纽尔坐了下来,摘掉帽子。雷塔纳这才发现他整张脸都变了样,脸色苍白,短辫子盘在头上,戴着帽子时还看不出来,摘掉之后才发现格外奇怪。

> 斗牛士都留有一条短辫子。这是一种象征。

"你看上去气色很不好。"雷塔纳说。

"我刚出院。"曼纽尔说。

"他们说你截肢了。"

"没那回事,我腿好好的。"

雷塔纳向前俯身,把一个木质烟盒朝曼纽尔推了推,"抽支烟吧。"

"谢谢,"曼纽尔为自己点了一支,"你也来一支?"他把火柴递给了雷塔纳。

"不了,我从不抽烟。"雷塔纳摆摆手,"你为什么不去找份工作干?"

"我不想干别的,"曼纽尔说,"我是斗牛士。"

> 可以说整篇小说的主题就是围绕这句话写的。

"现在没有人把斗牛当职业了。"

"但我就是个斗牛士。"

"你在场上的时候才是个斗牛士。"雷塔纳说。

曼纽尔笑了。

雷塔纳没再说什么，只是坐在那儿看着曼纽尔。

"如果你愿意，我可以给你安排个晚场。"

"什么时候？"曼纽尔问。

"明天晚上。"

> 老斗牛士不仅要面对身体的衰弱，还要接受观众喜新厌旧。

"我可不想只当个替补，"曼纽尔用指关节敲着桌子，"永远都是替补被挑死，就像萨尔瓦多那样。"

"只有这个了。"

"难道不能把我安排在下周吗？"曼纽尔提议。

"没人买你的票呀，"雷塔纳说，"观众想看的是利特里、路比特和拉·托里，他们才是热门选手。"

"观众一定会愿意来看我表演的。"曼纽尔说。

"不会的，观众已经不知道你是谁了。"

"我有很多绝技。"

"我安排你明天晚上上场，"雷塔纳说，"在喜剧表演之后，跟新来的埃尔南德斯搭档杀两头新来的牛。"

"新牛是谁送来的？"曼纽尔问道。

海明威

"不知道。可能是牛栏里的吧，反正是白天兽医不会让通过的那些。"

"我不喜欢当替补。"曼纽尔说。

"随你便。"雷塔纳说完，俯身看文件去了。他失去了所有的耐心，曼纽尔刚开口请他帮忙时，他还想着两人是朋友，而现在那种心情已经荡然无存了。现在他愿意让曼纽尔代替拉利塔上场，是因为他便宜，虽然换别的替补也一样便宜，他还是想帮曼纽尔一把，所以才选择用他，干不干就取决于曼纽尔了。

"能给我多少钱？"曼纽尔问。他不愿意当替补，但他清楚没办法拒绝。

"两百五十比塞塔。"雷塔纳说。他原本打算给五百比塞塔，可一开口却成了两百五十比塞塔。

比塞塔，曾经是西班牙的法定货币。

"但你给比利亚尔塔的可是七千比塞塔啊。"曼纽尔说。

"你不是他。"

"我明白我不是他，但……"

"他的门票可是很抢手的，曼纽尔。"雷塔纳解释道。

"我知道。"曼纽尔一边说，一边站了起来，"给我三百比塞塔吧，雷塔纳。"

"那好吧。"雷塔纳同意了，接着从抽屉里取出一张纸来。

"能先预支我五十吗？"曼纽尔问。

"当然可以。"雷塔纳说完，从钱夹里取出一张五十比塞塔的钞票放在了桌子上。

曼纽尔把钱塞进了衣服口袋里。

"我的助手是谁？"

"晚上有很多小伙子为我干活，他们可以很好地胜任这个工作。"雷塔纳说。

"长矛手呢？"曼纽尔问。

"适合这个工作的人倒是不多。"雷塔纳坦白地告诉曼纽尔。

"我上场必须有一个优秀的长矛手配合。"曼纽尔说。

"那你得自己去找。"雷塔纳说。

"长矛手的费用不该从我的报酬里面出，"曼纽尔说，"我只有六十杜罗的报酬，总不能再用这笔钱去请长矛手吧。"

雷塔纳没回答，只是盯着他看。

"你也知道的，我上场必须要有个优秀的长矛手配合我。"曼纽尔说。

雷塔纳仍然那样望着他。

"这样不行。"曼纽尔又说。

雷塔纳无动于衷，说道："我有很多一般的长

> 尽管拿的是最低薪水，曼纽尔仍然非常认真，想找优秀的搭档，为观众奉献精彩的表演。

> 杜罗，西班牙的一种银币，1杜罗等于5比塞塔。

海明威

矛手。"

"这个我知道，我清楚你那些长矛手的水平。"曼纽尔说。

雷塔纳面无表情，曼纽尔看出来没有回旋的余地了。

"我只是想找个和我能力匹配的长矛手而已，需要他在出场时能够刺中公牛就行。"曼纽尔解释道。

雷塔纳把他的话全当成了耳旁风，连听也不听。

> 侧面写出了曼纽尔已经不被人重视的现实。

"如果你想额外请什么人，"雷塔纳说，"那你就得自己去找。普通的助手到时候会有，长矛手你愿意请几个就请几个。我只告诉你喜剧表演的结束时间是晚上十点半。"

"好吧，"曼纽尔说，"如果你觉得这样就行，那我无话可说。"

"就这样吧。"雷塔纳说。

"明天晚上见。"曼纽尔说。

"我会到场的。"

曼纽尔拎起手提箱往外走。

"把门关上。"雷塔纳喊了一声。

曼纽尔回头一看，雷塔纳在低头看文件了，便扭头走出办公室，咔嗒一声关上了门。

> 这一段描写阳光明媚，暗合曼纽尔能重新上场的心情。

他下了楼，出了大门，走到烈日高照的大街上。街上格外热，阳光照在白色楼房上，亮得刺眼。街道陡峭，曼纽尔沿着背阴的那侧朝"太阳门"广场走去。树荫如盖，带来了丝丝凉意。走到十字街口过马路时，热浪扑面而来。路上不断有行人擦肩而过，但没有一个是曼纽尔认识的。

快到"太阳门"广场时，曼纽尔拐进了一家咖啡馆。

咖啡馆里静悄悄的，只有靠墙的桌子那边坐着几位客人。其中的一张桌子旁有四个人在打牌。大多数顾客都在靠着墙抽烟，他们面前的桌子上放着一些喝光的咖啡杯和空酒杯。曼纽尔穿过这个长长的房间，走到后面的一个小房间。角落里有个人趴在桌子上呼呼大睡。曼纽尔挑了张桌子坐下。

一个服务员走过来站在他的桌子前。

"你看见舒里托了吗？"曼纽尔问他。

"他午饭前来过，"服务员回答，"不过下午五点前他不会再来了。"

"给我来点儿牛奶和咖啡，再来杯普通的酒。"曼纽尔说。

很快，服务员端着托盘回到这个房间，上面放着一个大咖啡杯和一个玻璃酒杯，左手还拎了瓶白兰地。他将这些东西都放在了桌子上，一个男孩

海明威

拿着个锃亮的长把尖嘴壶把咖啡和牛奶倒在了杯子里。

曼纽尔摘下帽子，服务员注意到他头上盘着的那条辫子。<u>他一边往酒杯里倒酒，一边跟送咖啡来的男孩挤眉弄眼，男孩好奇地瞅了眼曼纽尔苍白的脸。</u>

✏️ 咖啡馆服务人员对曼纽尔的陌生态度，暗示了曼纽尔已经不在属于这里。

"你是来这儿斗牛的吗？"服务员盖上酒瓶的塞子。

"是的，"曼纽尔说，"我明天上场。"

服务员站在那里没动，把酒瓶靠放在腰上。

"您在查利·查普林班里吗？"他问。

送咖啡的男孩显得有些局促不安，眼睛看向了别处。

"不是，我在普通班。"

"我还以为上场的会是查维斯和埃尔南德斯。"服务员说。

"不是，是我和另外一个人上场。"

"另一个是谁，是查维斯还是埃尔南德斯？"

"也许是埃尔南德斯吧。"

"为什么不是查维斯呢？"

"因为他受伤了。"

"你听谁说的？"

"雷塔纳说的。"

"喂，路易埃，"服务员冲着隔壁那个房间喊道，"听说查维斯受伤了。"

曼纽尔撕掉方糖的包装纸，把糖扔进咖啡里，搅了几下后把咖啡喝了。咖啡又热又甜，让他空着的胃暖和起来。接着，他又喝掉了酒杯里的白兰地。

"再给我倒杯酒。"他对服务员说。

服务员打开酒塞，给曼纽尔倒了一满杯，溢出来的酒都够一杯了。这时，另一个服务员走到桌前，送咖啡的男孩趁机离开了。

"查维斯的伤严重吗？"第二个服务员问道。

"我不知道，"曼纽尔说，"雷塔纳没说他伤得多严重。"

"他才懒得管那么多。"一个高个子的服务员说。曼纽尔从没见过这个服务员，他一定是刚来的。

"在这个城市，谁要是和雷塔纳关系好，那他可就要飞黄腾达了，"高个子服务员接着说，"但要是你不对他客气一点，那你就是自寻死路，这样你还不如一枪把自己杀了算了。"

"没错，"又有一个服务员进来说，"你说得一点儿都没错。"

"是的，我知道自己说得对。"高个子服

✏️ 雷塔纳是什么人外人看得很清楚，侧面说明了曼纽尔作为一个斗牛士的"弱小"。

务员说,"我说的关于这家伙的话可不是胡编乱造的。"

"看看他都对比利亚尔塔做了什么!"最先进来的那位服务员说。

"他做的恶事数不胜数,"高个子服务员说,"他对马西亚尔·拉兰达心狠手辣,对纳西奥纳尔也是如此。"

"你说得太对了,我的朋友。"矮个子服务员表示赞同。

曼纽尔看着他们站在自己桌前谈论个不停,仰头把第二杯白兰地喝了。他们谈论得十分投入,已经忘了他的存在,也许是因为他们对他完全不感兴趣。

"瞧瞧那群笨蛋,"高个子服务员仍在滔滔不绝,"你们见过纳西奥纳尔二号吗?"

"上个星期天我见过他。"第一个服务员说。

"他长得像头长颈鹿。"矮个子服务员说。

"就像我说的,"高个子服务员说,"他们这群人都是雷塔纳的奴隶,就像鹰犬一样。"

"喂,再给我来杯酒。"曼纽尔说。就在这几位服务员大谈特谈时,曼纽尔已经把之前溢在托盘里的酒喝了下去。

最初的那个服务员又机械地给他倒了一杯酒,

马西亚尔·拉兰达,西班牙著名斗牛士。

纳西奥纳尔,西班牙著名斗牛士理卡多·安略的绰号。下文的纳西奥纳尔二号,是理卡多之弟、西班牙著名斗牛士胡安·安略的绰号。

三个服务员畅聊着斗牛士,却不认识眼前的人是谁,说明曼纽尔真的"过气"了。

然后三个服务员边说着话边走了出去。

远处在墙角睡觉的那个人脑袋靠在墙上，仍在呼呼大睡，吸气的时候还打着鼾。

曼纽尔把杯子里的酒喝光后，也觉得有点瞌睡了。他心想，现在出去太热了，再说自己也没什么事要做。他想见见舒里托，那最好还是在这儿睡一觉，顺便等舒里托过来。他用脚踢了一下桌下的手提箱，确保它还在，又觉得还是把箱子放在椅子底下靠墙根更保险，于是弯腰把箱子推到了椅子下面，接着趴在桌子上睡了过去。

> 这一段看似多余的描述，却形象地表现出了曼纽尔细心的一面。

曼纽尔睡着时，桌子对面坐下了一个人，这个人块头很大，有一张深棕色的脸，看上去是个印第安人。那人在这儿坐了一会儿，摆手让服务员离开，然后就一个人坐那儿看报纸。他看得很费劲儿，微微张着嘴，一个字一个字地默读。读得累了，他就全身瘫在椅子里，头上的帽檐耷拉在额头上，就这样看看曼纽尔。

曼纽尔睡醒后，发现了这个人。

"你好，舒里托。"他说。

"你好，我的老朋友。"大块头说。

"我刚刚睡着了。"曼纽尔用拳头背面揉额头。

"我看出来了。"

海明威

"怎么样,你最近过得好吗?"

"我很好,你呢,过得怎么样?"

"<u>我过得不好。</u>"

说到这儿,两个人都不说话了。长矛手舒里托看着曼纽尔那张毫无气色的脸,曼纽尔低头看着舒里托用他那双大手将报纸叠起来放进衣兜里。

"我想请你帮个忙,铁手。"曼纽尔说。

"铁手"是舒里托的绰号。每次听到有人喊他这个绰号,他都会想起自己的这双大手,这会儿听到了,他更是难为情地把两只手放在了桌子上。

"咱们一起喝杯酒吧。"舒里托说。

"当然没问题。"曼纽尔说。

服务员倒完酒后离开,走出房间之前回头看了看他们。

"有事找我吗,曼纽尔?"舒里托放下酒杯问道。

"明天晚上你能做我的长矛手,帮我刺两头牛吗?"曼纽尔看着舒里托说。

"我做不了,"舒里托说,"我现在已经不干这一行了。"

曼纽尔低头看着自己的酒杯。他早就预料到会得到这样的回答,现在果然听到了。

"很抱歉,曼纽尔,我现在已经不是长矛手

✏️ 两位老朋友见面之后的对话简单,却饱含情谊,可以很直接地说出自己过得不好。

了。"舒里托看着自己的两只手说。

"没关系的。"曼纽尔说。

"我年纪太大了。"

"没事,我只是随便问问。"曼纽尔说。

"你是要参加明天的夜场吗?"

"是的,我觉得只要有一个优秀的长矛手配合我,我一定能大获全胜。"

"这场比赛你能拿多少钱?"

"三百比塞塔。"

"我当长矛手的时候可比这赚得多。"

"我知道,"曼纽尔说,"我没什么资格请你上场。"

"你为什么非干这行呢?"舒里托问,"为什么不把你头上的辫子剪掉呢?"

"我不知道。"

"咱俩的年纪差不多,你也和我一样老了。"

"我知道我老了,但我不想考虑这个问题,"曼纽尔说,"我必须奋力一搏。我觉得只要我安排得当,这就是我想要的,我必须坚持下去啊,铁手。"

"你没必要一直干这个。"

"我必须这么做,之前我也试过换个活儿,但是……"

> ✏️ 直到这里,作者才揭示曼纽尔年纪大了,又受过伤,还要强行参加斗牛表演。这是非常冒险的事。

海明威

"我知道你的感受,但你是在钻牛角尖,为什么不摆脱这些束缚,脱离这行呢?"

"我做不到。再说了,我最近的工作还是有点起色的。"

舒里托看了看他的脸。

"你住院了。"

"我住院之前干得好好的。"

舒里托没说什么,把溢在托盘里的酒倒进自己的杯子里。

"报纸上都说我那两下是绝活儿,没有人能够比得上。"曼纽尔说。

舒里托望着他没说话。

"要知道,只要叫我上场,我一定会干得很好。"曼纽尔说。

"你年纪已经太大了。"舒里托说。

"我不这么觉得,你还比我大十岁呢。"

"但咱俩的情况不一样啊。"

"我还不算老。"曼纽尔说。

二人什么也没说,沉默地坐在那里。曼纽尔观察着舒里托脸上的表情。

"在我受伤住院之前,我一直表现得很出色。"曼纽尔开口说。

"你真应该来现场看一下我的精彩表演,铁

✏️ 曼纽尔第二次强调受伤前的表现很好,反而表明了此时他心虚。

手。"曼纽尔语气中带着一丝责怪。

"我不想去看,"舒里托说,"会叫人神经紧张。"

"你最近没来看我斗牛。"

"我看你斗牛已经看得够多了。"

舒里托望着曼纽尔,躲开了对方看向他的目光。

"你该换个行当了,曼纽尔。"

"我不能,"曼纽尔说,"你等着吧,我还行呢。"

舒里托向前倾身,两只手放在桌子上。

"听着伙计,为了你,我明天就再当一次长矛手吧。如果你没有表现好,那你以后就退出这一行,好吗?你能做得到吗?"

"一言为定。"

舒里托把身子往后一靠,长长地出了口气。

"你一定得退出,你得把你的辫子剪掉。"

"如果我赢了我就不会退出了。"曼纽尔说,"你过来看看我的身体,我身体还是很不错的。"

舒里托站了起来,跟曼纽尔争论了太长时间,他这会儿都感到有些疲惫。

"输了你就必须放弃,"他说,"到时候我要亲手剪掉你的辫子。"

> 体现了朋友对曼纽尔的关心,不希望他继续从事这个危险的行业,甚至带有一点强迫性。

海明威

"不会的，"曼纽尔说，"我不会让你有这个机会的。"

舒里托叫服务员结账。

"走吧，"舒里托说，"我们去旅馆。"

曼纽尔从椅子下拿出手提箱，心里很高兴。他知道舒里托一定会为他出场的。舒里托是当今最优秀的长矛手，有他的帮助，一切都好办了。

"走吧，我们一起到旅馆里吃点东西去。"舒里托说。

曼纽尔站在马场，等着场内喜剧表演结束。舒里托和他站在一起，两个人都在黑暗处。通向斗牛场的大门关闭着，透过这扇门他们听到里面传来一阵大叫，接着又是一阵大笑，随后安静下来。曼纽尔喜欢院子里马厩的气味，站在黑暗中他觉得这股气味非常好闻。斗牛场里响起一阵喝彩声，持续了很长时间。

"你见过喜剧表演的那几个家伙吗？"舒里托问。他身材高大，黑暗里身形隐约可见。

"没见过。"

"他们的表演十分滑稽可笑。"舒里托说，在暗处微笑。

这时，通往斗牛场的那扇高大的门被打开了，

✎ 受伤后重新回到马场上的曼纽尔，身处黑暗之中——"黑暗"表现他紧张的心情，他必须把握机会。

曼纽尔看见场内灯光极亮，把整个场子照得通明，而周围高台上的观众席却是黑压压的一片。有两个打扮得像流浪汉的男人边跑边向观众鞠躬致谢，在他们身后，一个穿着旅馆服务员制服的人弯腰捡起观众扔在场地上的帽子和手杖，将这些东西抛回观众席。

马场里的灯亮起来了。

"我去找一匹马，你把助手们都聚集起来吧。"舒里托说。

他们身后响起了骡铃声，几头骡子被牵到了斗牛场内，一会儿要用这些骡子把死了的公牛拖出来。

那些助手刚刚在围栏和观众席之间的过道里看喜剧表演，现在他们都回到马场，聚在灯光下说着话。一个身穿银色和橘红色套装的英俊小伙子走过来，冲曼纽尔笑了笑。

"我是埃尔南德斯。"他伸出手说。

曼纽尔和他握了一下手。

> 年轻斗牛士的轻松、兴奋，与勉强上场的老斗牛士形成了鲜明对比。

"今晚我们要斗的牛简直是大象。"小伙子乐呵呵地说。

"它们都是长着犄角的大家伙。"曼纽尔赞同地说。

"你抽到的可是下下签。"

海明威

"没关系，"曼纽尔说，"牛越大，给穷人们吃的肉越多。"

"那个长矛手你是从哪里找来的？"埃尔南德斯咧开嘴笑。

"他是我的老朋友。"曼纽尔说，"你把大家聚在一起吧，让我看看他们都是谁。"

"你这组的成员都很棒。"埃尔南德斯说。他心情很好，因为在这之前他已经参加过两次夜场了，在这里已经有了一些支持者。斗牛就要开始了，他感到十分兴奋。

"长矛手们都去哪里了？"曼纽尔问。

"在后面的畜栏里争着挑好看的马呢。"埃尔南德斯笑了笑说。

几头骡子冲进了斗牛场的大门，响起一阵噼里啪啦的皮鞭声，以及叮当的骡铃声。随后，那头死了的小公牛就被拖了出来，沙地上被拖出一条长痕。

死牛被拖走后，斗牛成员立刻集中在一起准备进场。

曼纽尔和埃尔南德斯站在最前面，几个年轻的助手紧随其后，胳膊上都搭着沉甸甸的披风。后面是四位长矛手，他们骑在马上，手里还举着钢尖长矛。

✏️ 斗牛表演即将开始，氛围越来越紧张刺激。

51

"雷塔纳真是奇怪，也不让这里的灯亮一些，让我们在挑马时看得清楚些。"一位长矛手说。

"他知道，都是些皮包骨头的瘦马，咱们看不清就不会心里面难过了。"另一位长矛手回答。

"我骑的这匹马勉强能让我的脚离开地面。"最先说话的那位长矛手说。

"好歹也是一匹马。"

"是啊，好歹也算是匹马。"

长矛手们骑着瘦马，在黑暗中发着牢骚。

舒里托一声不吭。在所有的马里，只有他选的这匹比较强壮。他试着骑了两下，他拉马嚼子、踢马刺，这匹马都有反应。他把这马右眼上蒙着的绷带摘掉，割断了在它耳根处的绳子。这真是匹结实的好马，四条腿站得稳稳当当的，这正是舒里托想要的好马。他打算整场都骑它了。此时，他骑在鼓鼓囊囊的马鞍上，在昏暗不清的地方等待着入场，脑海里想的全是挥动长矛刺牛的场景。另外几个长矛手在旁边说着话，他一句都没听。

两位斗牛士并排站在他们的助手前面，披风同样折着搭在左胳膊上。曼纽尔心里暗自打量着身后的三个助理小伙子。他们和埃尔南德斯一样，都是马德里人，十八九岁的年纪。还有一个是吉卜赛人，表情严肃沉着，脸上的肤色发黑发亮。曼纽尔

✏️ 这些测试马的动作，表明舒里托的专业和认真。曼纽尔找他出场是有道理的。

📖 马德里，西班牙的一座城市。

很喜欢这个小伙子的长相，他转过身。

"你叫什么名字，小伙子？"他问吉卜赛人。

"富恩特斯。"吉卜赛人回答。

"这个名字好。"

吉卜赛人露出牙齿笑了笑。

"等牛进场后，你就引着它绕场子跑一圈。"

"好的。"吉卜赛人表情严肃地答应，心里面已经开始盘算该怎么做了。

"要开始了。"曼纽尔对埃尔南德斯说。

"好，咱们进去。"

他们昂首挺胸地入场，随着音乐的节奏迈着步子，摆动着右臂，穿过弧光灯照射的沙地斗牛场。助手们紧随其后，接着是骑着马的长矛手，最后面是场地杂役和身上挂着铃铛的骡子。入场过程中，观众向埃尔南德斯欢呼致意，而这支斗牛队昂首阔步，目不斜视地往前走。

他们走到主席台前，向主席鞠躬致敬，随后散开来，各就各位。斗牛士走向围栏那里，脱下沉甸甸的斗篷，换上很轻的斗牛披风。骡子被牵了出去，长矛手骑着马在场上跑了一圈。另外两个长矛手也出去了。杂役们赶紧用扫帚把沙地扫平。

"你很有人气，小伙子。"曼纽尔对埃尔南德斯说道。

> 斗牛表演的主席一般由省长担任，或由省长指定专人，指挥整个过程。

"观众都很喜欢我。"埃尔南德斯高兴地说。

"我们的入场仪式走得怎么样?"曼纽尔问雷塔纳的代理人。

"像婚礼一样盛大,"那个拿剑的人说,"你出场的气派跟何塞里托和贝尔蒙特没什么区别。"

> 这两个人都是西班牙的著名斗牛士。

舒里托骑着马从他们的身边走了过去,看上去像是一尊巨大的骑士雕像。他转过马头,朝向场地远处的牛栏,一会儿要入场的公牛将从那个地方过来。站在亮堂的弧光灯下,他感觉奇怪。之前为了多赚钱,他都是在午后的艳阳下斗牛,现在却要在晚上的灯光下斗牛,他很不喜欢这样。他倒希望能早点开始表演。

曼纽尔走了过来。

"扎它,铁手。"曼纽尔说,"替我好好地教训一下那些牛。"

"我会的,"舒里托朝沙地上吐了口唾沫,"我要把它刺得恨不得立刻逃出这个场子。"

"用尽全力,铁手。"

"我一定会的。"舒里托说,"怎么还不见牛出来?"

"马上就出来了。"曼纽尔说。

舒里托骑在马背上,脚踩马镫,两条粗壮的

> ✏️ 舒里托给人十足的信心,非常值得信赖。

海明威

腿套着鹿皮护甲，紧紧地夹住马肚子，左手拽着缰绳，右手紧握长矛，宽边帽檐盖在头顶遮挡灯光，两眼紧盯着远处牛栏的门。马紧张地抖了抖耳朵，他用左手拍了拍它。

🖉 再次强调了舒里托的专业，他严阵以待，还不忘安抚自己的马。

牛栏的门打开了，舒里托的目光越过斗牛场，紧紧盯着空荡荡的过道。就这样盯了一会儿，公牛突然冲了出来，猛的一下来到灯光前，四条腿打滑了一下，接着就如旋风般狂奔起来。它的步子很轻，速度却极快，向前冲时无声无息，只有它那宽宽的鼻孔在呼哧呼哧地喘着粗气。毫无疑问，从黑暗的牛栏冲向自由的沙地使它兴奋不已。

《先驱报》的替补斗牛赛评论员坐在第一排，他已经等得有点儿不耐烦了，只见他俯身趴在膝前的水泥矮墙上，用潦草的字在本子上写道："参赛的牛叫坎帕尼亚罗，黑牛，四十二号，以每小时九十英里的速度冲了出来，喘着粗气……"

🖉 引入这个评论员，使得小说的视角更丰富，也更能从客观的角度去评论整场斗牛的进程。

曼纽尔背靠着栅栏，望着那头公牛，把手一挥，那个吉卜赛人就拖着披风跑了出来。公牛一个转身便朝着披风猛冲过来，脑袋低垂，尾巴翘得高高的。吉卜赛人拿着披风左躲右闪地跑着，经过公牛身边时，公牛一眼就瞥见了他，接着直直地朝他冲去。吉卜赛人用尽全力奔跑，当公牛的犄角撞到围栏的红色板壁上时，他一下翻过板壁，公牛用犄角连撞了两次板壁。

《先驱报》的评论员点了根烟，把火柴扔到了公牛身上，然后在本子上写道："牛的个头大，犄角有劲，买票的观众能够满意，它想要一头扎进斗牛队伍。"

就在公牛猛烈撞击板壁时，曼纽尔走到沙地上。他眼角的余光看到舒里托正骑着白马站在栅栏不远处，在场地左侧的尽头。曼纽尔两只手各抓着披风的一个角，手紧贴着胸口，冲着公牛大喊："喂！喂！"公牛一转身就冲过来，一头撞在披风上，曼纽尔一个侧身，借着它的冲劲让脚后跟一转，呼的一声把披风在牛角前抖了抖。之后，他又一次面对着公牛，用之前的姿势将披风再次挡在身前，公牛冲过来时，他再次来了个大回旋。每次抖动披风都能让观众对曼纽尔大声喝彩。

曼纽尔四次抖动披风戏弄公牛，把披风抖动得像翻涌的海浪，而每一次公牛都会对他再次发动冲锋。在第五次抖动披风之后，曼纽尔将披风转到身后放在屁股上，披风就像芭蕾舞演员的裙子似的，公牛如腰带一样围着他的身体打转。接着，他闪开一步，让公牛面对着骑在白马上的舒里托。公牛朝着白马奔去，站定在马前。白马两只耳朵前伸，嘴唇颤抖个不停。舒里托的帽檐遮在眼睛上，他弯腰

✎ 可以看出曼纽尔的动作娴熟，能力出众，面对公牛毫不畏惧。

海明威

向前，将长矛夹在右腋下，整个身体前伸后突形成了一个锐角，而他的手握住长矛的中间部分，铁矛尖直冲公牛而去。

《先驱报》的替补评论员眼睛盯着公牛，写道："老将曼纽尔使出了一套策略，耍了一套博人眼球的绝活，以贝尔蒙特的招式收尾，赢得了观众的喝彩，接下来就要看长矛手的表现了。"

舒里托骑在马上，计算着公牛与矛尖的距离。他还在打量着，公牛已经鼓起全身的劲儿，眼睛盯着白马的胸口冲了过来。它刚低下头准备用犄角顶马时，舒里托就已全力将矛尖扎进了它那肌肉隆起的背上。舒里托左手一扯缰绳，使得马腾空跳起，前蹄在空中乱蹬，同时他驱马右转，用长矛把公牛向下摁，牛角尖便从马肚下掠了过去。马前蹄落地后，浑身直打哆嗦。接着，公牛掉头，朝着埃尔南德斯舞动的披风冲了过去，尾巴扫过马的胸膛。

埃尔南德斯转身向一边跑去，边跑边用披风引着公牛。到了另一个长矛手的跟前，他一甩披风，让公牛站住，直面骑着马的长矛手，自己趁机退了下去。公牛一见马就冲了过去，长矛手挥动长矛一刺，矛尖却顺着牛背滑了下去。马见牛过来，吓得跳了起来，长矛手的身子已经半脱离了马鞍，再加上没有刺中公牛，导致他右脚抬起，朝着左边一头

> ✎ 这段精彩的描写展现了舒里托高超的技术，验证了曼纽尔为什么执着地让他来当长矛手。下一段写到另一个长矛手一上场就失手了，更衬托出舒里托很厉害。

栽了下去。幸好中间有马挡住了公牛。马被公牛的犄角挑起，受了重伤，砰的一声倒下，长矛手用脚把马蹬开，躺在地上，直到有人过来把他拖走。

曼纽尔见长矛手平安无事，也就不着急了，任由公牛用犄角刺那匹倒地不起的马。曼纽尔心想，这回那个长矛手能吸取点教训了，下次就不会那么快败下场，这样的长矛手简直太差劲了！他的目光越过沙地，看向舒里托。舒里托的马正一动不动，严阵以待。

"喂！"曼纽尔冲着公牛喊着，双手举起披风吸引牛的注意，"过来呀！"公牛丢下马，朝着披风冲了过来。曼纽尔向侧面跑去，将披风展开，猛地收住脚步，脚后跟紧接着一转，引得公牛来了个急转弯，正好面对着舒里托。

"公牛坎帕尼亚罗挑死了一匹马，身中两矛，埃尔南德斯和曼纽尔把牛引开了。"《先驱报》的评论员写道，"显然它对马没有什么兴趣，转身朝着另一位长矛手发起了攻击。老将舒里托手持长矛，重现当年的勇猛，要注意看他的绝技……"

"好啊！好啊！"坐在评论员旁边的那个人在大叫，但他的叫声被观众巨大的喝彩声淹没了。他拍了拍评论员，评论员抬头发现舒里托就在自己眼前。舒里托骑着马，身体前倾，长矛呈锐角夹在

✏️ 通过评论员记在本子上的解说，丰富了画面感，避免了斗牛场面过于平铺直叙。

海明威

腋下，两手几乎快要握到了矛尖。他使出全身的力气扎下去，阻止公牛前进，而公牛一个劲儿地朝前冲，一心要用角挑马。舒里托俯下身子，用长矛把公牛往外推，借着公牛顶过来的力一勒缰绳，让马慢慢地转了个身，摆脱了公牛的纠缠。舒里托觉得马已经脱了身，可以放公牛过去了，于是就放松了用以抵住公牛的长矛。公牛挣脱长矛的时候，矛尖已经在它的背上划了一道血口。而此时，公牛发现埃尔南德斯的披风就横在自己的眼前，便不顾一切地冲了过去。埃尔南德斯挥动着披风，将公牛引到了场地中央。

　　舒里托拍拍自己的马，骑在马上观看埃尔南德斯的表演。在明亮的灯光下，埃尔南德斯舞动披风，引得公牛冲来冲去，观众发出排山倒海般的喝彩声。

　　"看见我刚刚那一下了吗？"他问曼纽尔。

　　"那一下简直就是个奇迹。"曼纽尔说。

　　"我叫它尝到了厉害，"舒里托说，"你看看它现在的样子。"

　　这时，埃尔南德斯一挥披风，使得公牛来了个急转弯。公牛前蹄一滑，跪在了地上。不过，它立即站了起来。曼纽尔和舒里托远远望见它血流不止，鲜血从它那黑色的背上直往下淌，似乎还闪着

✏️ 尽管舒里托之前声称自己早就不干这行了，但他仍然对自己的能力感到自豪。

亮光。

"我叫它尝到了厉害。"舒里托又说。

"这头牛也是好样的。"曼纽尔说。

"要是再让我刺它一下,就能把它干掉了。"舒里托说。

"他们把第三轮表演留给了咱俩。"曼纽尔说。

"看看它现在的样子。"舒里托说。

"我得去另一边了。"曼纽尔说完,跑去了斗牛场另一侧。几个长矛手的助手想把一匹马往公牛跟前赶,拽缰绳,用棍子敲马腿,而公牛低着头,用蹄子刨着地,还没有冲出去。

舒里托骑着马走了过去,绷着脸,观察每一个细节。

最后,公牛发起了冲锋,助手们向围栏那儿逃去。长矛手刺出长矛,但扎偏了。公牛冲到了马肚下,把马挑起来抛到了自己背上。

舒里托继续观察着,穿红衬衫的助手们跑过来把长矛手拖走。长矛手站稳后,一边咒骂,一边活动着手臂。曼纽尔和埃尔南德斯手拿披风,准备迎战。身躯庞大的黑公牛背上驮着那匹马,马蹄晃来晃去,马缰绳缠在了牛角上。由于背上压着一匹马,黑牛的短腿变得跟跟跄跄。它弓起脖子,又顶

> 穿红衣是为了引牛冲向长矛手。

海明威

又冲，要把马甩掉。马总算滑了下去，接着，公牛便向曼纽尔展开的披风冲了过去。

公牛的速度变慢了，它流了很多血，半个身子的鲜血在灯光下闪闪发亮。

曼纽尔又把披风晃了晃。公牛两眼瞪圆，紧盯住披风，龇牙咧嘴地冲了过来。曼纽尔闪开一步，举起双臂，将披风在公牛的面前拉开绷紧，耍了一套舞动披风的经典动作。

此时曼纽尔和公牛面对面了。公牛微微地低头，它撑不住了，看来舒里托那一矛给它带来的伤害不小。

曼纽尔抖了抖披风，公牛再次冲了过来，他闪身躲过，又耍了一个绝招。他想："这头牛冲得准了，它不再轻易进攻了，眼睛狠狠地盯住了我。但是，我可以用披风逗它。"

他冲公牛抖动披风，公牛一冲过来他就立即闪开，有一次差点被刺中，这次真是近得可怕，不能再这样冒险了。

在他跟牛周旋时，披风扫到牛背，沾满了血，现在已经是湿漉漉的了。

好吧，决战的时刻到了！

曼纽尔双手舞动披风，面对着公牛，公牛一冲过来，他就引着公牛和他一起原地转了一圈，公牛

✏️ 这头愤怒的公牛不再盲目冲撞，而是耐心寻找机会，这给曼纽尔带来了很大的挑战。

虎视眈眈，牛角尖朝前，不停地打量着他。

"嘿！"曼纽尔喊了声，"牛！"他身子向后一缩，把披风向前一舞。公牛冲了过来，他一闪身，把披风甩到了后面，原地打了个转，公牛跟着披风转了个圈，失去了冲撞的对象，公牛被披风所操控，猛地站住不动了。曼纽尔用一只手挥动披风，在公牛的鼻子下面晃了晃，向观众展示牛已经被定住了，然后下场了。

<u>场内没有人为他喝彩。</u>

曼纽尔穿过沙场向围栏走去。这时，舒里托骑着马出场了。就在曼纽尔与公牛激战时，场上吹响了号角，宣布该短枪手出场了，只是曼纽尔没有注意到。现在，几个助手在清理战场，给两匹死马盖上了帆布，又在周围撒了木屑。

曼纽尔来到围栏跟前要水喝，雷塔纳的代理人递给他满满一陶瓷壶的水。

高个子吉卜赛人富恩特斯将两把短枪拿在手里，站在那儿看着曼纽尔。短枪有着细细的红枪杆和长得像钓鱼钩一样的枪头。

"上场吧！"曼纽尔说。

吉卜赛人快步上场。曼纽尔放下水壶看着，用手帕擦了把脸。

《先驱报》的评论员伸手去取夹在两脚之间的

> 🖊 曼纽尔拼尽了全力，却无人喝彩，让小说本来精彩纷呈的气氛变得沉寂，让读者为曼纽尔揪心。

那瓶香槟酒，喝了一口，写道："上了年纪的曼纽尔舞动披风，耍了几个动作，但由于表现平庸，并没有赢得喝彩。斗牛比赛进入了第三轮。"

公牛孤零零地站在场地中央，一动不动。高个子富恩特斯腰杆挺得直直的，张开双臂，两手紧握着细红杆的短枪，枪尖朝前，一步步朝公牛走去。一位助手拿着披风跟在他身后。公牛望了望他，开始慢慢移动了。

它用眼睛注视着富恩特斯。富恩特斯收住脚步，身子微微后仰，冲着它喊叫，并晃了晃手里的短枪。枪尖闪过一道亮光，吸引了公牛的注意。它翘起尾巴，如饿虎扑食般冲了过去。

它眼睛紧盯着，向他直冲过去。富恩特斯站住不动，向后微微仰身，短枪的枪尖向前伸去。就在公牛低头用犄角刺他时，他身子朝后一挺，双手高高举起，把短枪狠狠扎了下去。两条短枪就像落下的红线，扎在了牛背上。他身子前倾用力地把枪杆往下扎，整个人几乎快挨着牛的犄角，随即以笔直的枪杆为支点，两腿并拢来了个大回旋，身子随之一转，让公牛冲了过去。

"好！"观众连声喝彩。

公牛晃着犄角乱跑一通，就像离了水的鱼一样蹦来蹦去，四只蹄子腾空跃起，背上扎着的红杆短

> 画龙点睛。整篇小说是白描写法，比喻句不多，这句比喻非常形象。

枪也跟着晃动。

曼纽尔站在围栏那儿观战，注意到这头公牛喜欢往右挑。

"你让他下面两枪朝牛右边扎！"他对准备跑去给富恩特斯送短枪的助手说。

一只大手搭在了他的肩上，是舒里托。

"你感觉怎么样，我的朋友？"他问。

曼纽尔注视着公牛。

舒里托把两条胳膊靠在了围栏上，全身的重量都压在胳膊上，曼纽尔转过脸来看他。

"你干得很不错，很顺利。"舒里托说。

曼纽尔摇摇头，他这会儿无事可做，就等着第三轮上场了。吉卜赛人的短枪扎得很不错，第三轮公牛和他交手时状态一定不错。这头牛真不错，曼纽尔心想，目前为止，一切都还挺容易的，他只担心最后要用剑把公牛扎死。<u>要说担心，他倒不是真的担心，因为到目前为止他都没有好好想过这件事。</u>可是当他站在围栏旁边时，那种深深的忧虑还是出现在了他的脑海里。他望着公牛，脑子里想着自己一会儿该用的战术，想着该怎样用红布戏弄公牛，让它听自己的指挥。

吉卜赛人又一次向公牛走去，手里晃着红杆短枪，像在舞场跳舞一样，根本不把公牛放在眼里。

✏️ 作为一名资深的斗牛士，曼纽尔对自己的能力毫不怀疑。

海明威

公牛注视着他，此时的公牛并非真的一动不动，而是已经完全把他当成了猎物，只等富恩特斯走近，走到它有把握的范围，就用犄角狠狠地扎进他的身体。

富恩特斯正往前走，公牛冲了过来。富恩特斯开始绕场跑，跑了有四分之一圈时，趁公牛回头，他猛地站住，向前一个探身，踮起脚尖，扬起胳膊，把两支短枪扎进了公牛那肌肉紧绷、宽大的肩膀上。

观众疯狂地为富恩特斯欢呼喝彩。

"这小伙子不会在夜场干多久了。"雷塔纳的代理对舒里托说。

> 言外之意是他的表现很优秀，迟早会去重要的场次。

"他是不错。"舒里托回话说。

"好好看他的表演吧。"

二人把目光移向了富恩特斯。

富恩特斯背靠围栏站着，两个助手拿着披风站在他身后，时刻准备隔着围栏挥动披风来分散公牛的注意力。

公牛吐着舌头，身子一起一伏的，虎视眈眈地望着富恩特斯。公牛也许在想，这下子可把他逼到墙角了，一定要把他钉在木板上，只要向前冲一点距离就可以了！

吉卜赛人缩回身子，抽回双臂，用短枪指着

公牛，大喊一声，再跺跺脚。公牛反而有些犹豫不决，它渴望戳死眼前这个人，但不想再被短枪扎了。

富恩特斯朝着公牛走了几步，身子又是一缩，大叫了一声。看台上有人大声喊叫，要他当心。

"他靠得太近了。"舒里托说。

"看吧。"雷塔纳的代理人说。

富恩特斯身体后仰，挥动短枪挑逗公牛，然后一跃而起，双脚离开了地面。就在这一瞬间，公牛翘起尾巴冲了过来。富恩特斯脚尖落地，张开双臂，弓身向前，躲过了公牛的右犄角，同时将短枪直直地扎了下去。

公牛撞在了围栏上，没有戳中富恩特斯，注意力却被几个舞动着的披风吸引住了。

吉卜赛人沿着围栏向曼纽尔跑去，一路听着观众的欢呼喝彩声。他的背心刚才碰到了牛角上，被划了一道口子。他为此很是得意，绕场跑了一圈，把那口子指给观众看。舒里托看见他经过，冲他一笑，指指背心，他回之一笑。

这时，又有短枪手出场，把最后的两支短枪扎在了牛背上。

雷塔纳的代理人把一根棍子塞进红布，裹好后隔着围栏递给了曼纽尔，又从一堆剑里抽出了一

> 说明舒里托也很认可富恩特斯的能力，欣赏他的勇气。

把，同剑鞘一起握着，也隔着围栏递了过去。曼纽尔握住红颜色的剑柄，将剑拔了出来，而皮剑鞘软绵绵地落到了地上。

曼纽尔望了望舒里托。大个子看见他在冒汗。

"现在可以把它干掉了。"舒里托说。

曼纽尔点点头。

"它的状态还不错。"舒里托说。

"这正是你所期待的。"雷塔纳的代理人安慰曼纽尔。

曼纽尔又点点头。

看台的棚屋下有人吹响了号角，宣布最后的决战要开始了。曼纽尔穿过斗牛场的场地，走到了包厢那边，主席在那里坐着。

坐在前排的《先驱报》的替补评论员喝了一大口香槟酒，觉得这场比赛不值得再写比赛随记了，他打算回办公室后随便写两句就行了，像这样的比赛有什么可写的呢？只不过是场小小的夜场比赛罢了。就算有什么不够的地方，也可以从晨报里面随便摘录一些做点儿补充。想到这儿，他又喝了一口香槟酒，十二点，他在马克西姆饭店还有饭局。这场比赛的斗牛士都没什么名气，就是靠这行混口饭吃。他把稿纸装进衣服口袋，抬头看了一眼曼纽尔。曼纽尔孤零零地站在场上，挥动着帽子对包厢

从他人的视角来看这场比赛，再一次暗示了曼纽尔现在只能参加这种小比赛的落寞。

里的人行礼。公牛站在远处，目光茫然。

"主席先生，我向您，向世界上最聪明又最慷慨的马德里观众，献上这一头公牛。"曼纽尔朝着包厢致辞，都是些老掉牙的套话，在一个夜场还说这么多，真是太啰唆了。接下来，他又朝着暗处的包厢鞠了一躬，挺直身子，将帽子往身后一抛，左手拿着红布，右手持剑，朝公牛走去。

公牛看着曼纽尔，开始警惕起来。曼纽尔注意到几只短枪还耷拉在它的左肩上，舒里托的长矛在它身上留下的伤口也血流如注。曼纽尔还看了下牛蹄子发生的变化，公牛一般在蹄子收拢的情况下才会发起攻击，而现在它四蹄分开，呆立着不动。

曼纽尔一边看着它的蹄子，一边慢慢靠近它。他完全可以搞定。眼下他要做的就是让公牛把脑袋低下去，这样他才能让剑锋掠过牛角，将牛一击毙命。不过此时此刻，他还不能考虑如何用剑，也不能想着什么一击毙命，他一次只能想一件事。他边走边观察牛蹄子的变化，偶尔还看一看牛的眼睛、口鼻及犄角。公牛注视着曼纽尔，它觉得自己可以顶死面前这个小东西。

接着，曼纽尔站定，用剑把红布挑开，刺进红布，用左手把剑和红布举了起来，红布被完全展

> 这里详细写了曼纽尔如何观察公牛的状态，说明他的经验老到、技术高超。

海明威

开，看上去像一张巨大的船帆。曼纽尔观察了一下牛角，发现其中的一只因为撞围栏已经裂开，另一只却锋利得像豪猪身上的刺。在展开红布的时候，他还留意到牛角那白色的根部已被鲜血染红。他注意到了这些，同时对牛蹄子的观察也一刻没停。公牛也在目不转睛地看着他。

曼纽尔心想："它已经在提防了，正在积蓄力量准备反扑。我得扰乱它的防备，让它把脑袋低下来，这才是最关键的地方。舒里托曾经叫它把脑袋低下来过，现在却又抬了起来。如果能让它动起来，它一流血，就会再次把脑袋低下去的。"

他左手持剑，将红布举在前面，冲着公牛大声喊了起来。

公牛看着他。

他挑衅般将身子后仰，抖了抖那一大块红布。

公牛看见了红布，在弧光灯下，红布越发鲜红，它收拢了蹄子。

它冲了过来。曼纽尔见它到了跟前，一个急转身，让红布从牛角的上方掠过，顺着宽宽的牛背从头扫到尾。由于冲得过猛，公牛腾空跳了起来，而曼纽尔在原地丝毫没动。

公牛像只转过墙角的猫似的转了个身，把脸朝向曼纽尔。

✏️ 公牛本来是巨大凶猛的形象，作者这里用猫作比喻，凸显这头公牛的灵活性，说明它难以对付。

它现在再次处于提防状态，之前的迟钝已消失得无影无踪。曼纽尔注意到又有鲜血从它那黑色的肩膀流下来，闪着亮光，顺着它的腿朝下淌。他把剑从红布中抽出来，用右手握紧，左手拿着红布，同时身子也向左歪，冲着公牛大喊大叫。牛把腿并拢，眼睛死死盯着红布。曼纽尔心想："它就要冲锋了！来吧！"

公牛冲过来时，他顺势一转，把红布在公牛的眼前一晃，用脚跟站稳，剑锋跟着在空中一划，在灯光下反射出一道寒光。

这一套动作完成后，公牛再次向他发起了冲锋。他挥舞红布来了个胸前挥巾，公牛稳健地穿过红布从他胸前冲过去。曼纽尔把头朝后一仰，躲开扎在牛背上那几支咔嗒咔嗒乱响的短枪杆。公牛从旁边冲过时，滚烫的牛身擦过他的胸口。

糟糕，太近了，曼纽尔心想。舒里托趴在围栏上跟吉卜赛人说了些什么，吉卜赛人拿着披风朝这边跑了过来。<u>舒里托朝下压压帽檐，目光越过斗牛场望着曼纽尔。</u>

曼纽尔又将脸转向了公牛，把红布拿得低低的，移到左边。公牛望着红布，头也跟着低了下来。

"要是贝尔蒙特露这么一手，观众一定会为他

✎ 前后呼应。舒里托很担心老朋友的状态，这也呼应了前文中他说看曼纽尔斗牛让人精神紧张。

发狂的。"雷塔纳的代理人说。

舒里托眼睛盯着场子中央的曼纽尔，什么也没说。

"老板是从哪儿把这家伙挖来的？"雷塔纳的代理人问。

"从医院里。"舒里托说。

"他马上就要回医院去了。"雷塔纳的代理人说。舒里托转过脸看着他。

"<u>敲敲这个</u>。"他指着木头围栏说。

> 🖉 一种迷信，说了不吉利的话，要敲敲木板，免得应验。

"我只不过说了句玩笑话，别介意，朋友。"雷塔纳的代理人为自己辩解。

"让你敲你就敲。"

雷塔纳的代理人俯下身，在围栏上敲了三下。

"专心看这场搏斗吧。"舒里托说。

此时，曼纽尔走到场子的中央，在弧光灯下对着公牛跪在地上，两手举起红布。公牛尾巴翘起，向他冲了过来。

曼纽尔闪身躲过，待公牛再次冲来时把红布绕着自己转了半圈，使得公牛由于冲得过猛也跪了下来。

"他可真是一个了不起的斗牛士！"雷塔纳的代理人赞叹道。

"不，他不是。"舒里托说。

✏️ 直到这里，曼纽尔拼尽全力才赢得喝彩。

曼纽尔站起身，左手拿红布，右手持剑，接受黑压压的看台上传来的阵阵喝彩声。

公牛站了起来，弓着身子，脑袋低垂，再次等待着机会。

舒里托对另外两位年轻的助手说了句什么，那两人便拿着披风跑过来站在曼纽尔的身后。现在，曼纽尔的身后有四个人了。他拿着红布一出场，埃尔南德斯就跟了上来。富恩特斯也在他身后，手中的披风紧贴着身子，他高高的个子，姿势悠闲，用懒洋洋的目光注视着公牛。埃尔南德斯叫他们分开站在两侧。曼纽尔在前，独自面对公牛。

曼纽尔挥手叫拿披风的助手们往后退，他已经脸色惨白，直冒虚汗。

✏️ 此时的曼纽尔已经筋疲力尽了，可是与公牛的搏斗还远远没有结束，为故事发展再添新的悬念。

难道就不知道往后边退一退吗？在他已经准备好要下手的时候，他们难道想用披风把牛的注意力吸引过去吗？他要操心的事情已经够多了，那几个人还如此添堵。

公牛四蹄分开站着，眼睛注视着红布。曼纽尔左手拿着红布挥了挥，公牛仍目不转睛地望着，四条腿支撑着沉重的身躯，脑袋低垂，只是还不够低。

曼纽尔扬起红布挑逗它，而它纹丝不动，只是用眼睛观望着。

海明威

曼纽尔觉得它就像一尊铅铸的雕像,威风凛凛。但没关系,他还是能搞定它的。

曼纽尔想到了一些斗牛界的术语。有时当他思考一个问题时,心里却并不出现特定的术语,他没意识到自己的头脑在想事,这是他的本能在起作用。他对于公牛了如指掌,没必要思虑过多,只要采取行动就是了。他的眼睛会观察,身体会采取必要的措施,不用思考。如果还要动脑筋想,他就玩完了!

此刻面对公牛,他一下子想到了许多事情。公牛的两只犄角,一只已经裂开,另一只则光滑、锋利。他必须来个半转身,迅速地直接靠近左边的牛角,虚晃一下红布吸引住公牛,而手中的剑却需要掠过牛角的上方,扎进公牛的要害处,就是那个有五比塞塔硬币那么大的地方,在牛的脖子后边两个隆起的肩胛之间。完成了这个动作之后,他还必须及时脱身,从两只牛角之间缩回去。他知道自己必须做到这一点,此刻他心里只有一个念头:"又快又准!"他挥了挥红布,抽出利剑,侧身转向公牛左边的那只裂开的犄角,同时丢掉红布,任其从身上滑落,右手举剑与眼持平,形成一个十字形,踮起脚尖,瞄准公牛两个肩胛之间的那块隆起的地方把剑尖扎了下去。

✏️ 决战时刻,曼纽尔已经想好了对策,表明他经验老到。

> 在公牛巨大的力量下，曼纽尔还是失误了。这是一场漫长的拉锯战，稍有不慎就会遭到沉重的打击，小说的气氛再次紧张起来。

他扑在公牛身上，觉得自己被抛到了空中。他趁着自己腾空而起的时刻，把剑刺出，剑从手里飞了出去。曼纽尔摔在地上，公牛就在他的上方。他躺在地上，用穿着便鞋的脚踢公牛的鼻子。公牛用犄角顶他，由于太兴奋，老是顶不着，于是就用头撞他，两只犄角插在沙子里。曼纽尔的脚乱蹬一气，让公牛无法戳着他。

他感觉到有人正在冲着公牛抖披风，一阵阵的风吹在了他的脸上。公牛从他身上跃过，追了过去。牛肚子一闪而过，黑乎乎的，幸好牛蹄子没踩在他身上。

他站起身，从地上捡起红布。富恩特斯把剑递给他。那把剑刚才扎在公牛的肩胛骨上，已经被撞弯了。他接过剑，放在膝上扳直，然后向公牛奔了过去。公牛此刻正站在一匹死马旁边。曼纽尔的外套被牛角扯了个口子，当他奔跑时，扯破的地方呼呼地迎风乱飘。

"把它从那儿引开！"曼纽尔冲吉卜赛人喊道。公牛闻到了死马的血腥味，用犄角挑起了盖在马身上的帆布。富恩特斯挥动披风，它冲了过来，帆布挂在那只裂开的牛角上，惹得观众哄堂大笑。到了场子上，它摇头晃脑地想将帆布甩掉。富恩特斯从它身后快步上前，拽住帆布罩的一角，麻利地

海明威

把帆布从牛角上扯了下来。

公牛趁势追击，但中途却又突然站住了，又一次警惕地采取了守势。而曼纽尔拿着利剑和红布步步紧逼，把红布在它的眼前挥了挥，但公牛就是不肯冲过来。

曼纽尔侧身面对公牛，目光循着剑锋瞄准。公牛一动不动，看上去像死了一样，没有了向前冲的劲头。

曼纽尔踮起脚尖，举剑看准地方，一下子刺了过去。

他又受到了撞击，他觉得自己被猛地一撞，重重地摔倒在沙地上。而这一次，他却再也没有机会用脚踢牛了，因为公牛在他上面。这一次，曼纽尔像死了一般躺在那儿，脑袋伏在手臂里。公牛用头撞他，撞他的背，撞他那埋在沙子里的脸。他感觉牛角尖刺进了他两臂之间的沙土里，牛头顶着他的腰。牛角刺穿了他的一只袖子，把袖子扯了下来。接着公牛又把他甩到了一边，转身朝着助手们挥动的披风冲了过去。

曼纽尔站起来，捡回剑和红布，用拇指试了试剑锋，然后跑到围栏那儿换新剑。

雷塔纳的代理人把剑从围栏上递给他。

"把脸擦干净。"他说。

> 这一次失败让曼纽尔受了严重的伤，可是他依然没有放弃。

曼纽尔又朝着公牛跑了过去，边跑边用手帕擦着脸上的血污。他没看见舒里托，心想舒里托跑哪里去了？

助手们见他过来，拿着披风在一旁待命。公牛像小山一样站着不动，似乎在上一场冲锋过后又变得呆钝了。

曼纽尔拿着红布越走越近，他收住脚步，挥动了几下红布，公牛没有反应。于是他把红布在牛鼻子前右一下左一下、左一下右一下地晃动，公牛盯着红布，头也跟着转动，但它就是不肯冲锋，耐心地等待机会。

曼纽尔开始着急了。但现在也没有什么办法了，只能拼死一搏。他告诫自己，一定要又快又准。只见他侧身靠近公牛，将红布遮在身前，猛地扑了过去。接着他举剑刺向公牛，身体往左避开了牛角。公牛从他身边冲了过去，剑被撞飞，在灯光下闪过一道光，落在沙地上。

曼纽尔跑过去捡起剑，发现剑身已弯，他把剑放在膝上扳直。

此时，公牛又一动不动了。曼纽尔向公牛跑去，途中经过了手拿披风站在一旁的富恩特斯。

"这头牛浑身都是硬骨头。"吉卜赛小伙子说。

> 这句话表面上是赞扬公牛，实际上是赞扬曼纽尔——面对这样一头强大的公牛，他依然不屈不挠。

海明威

曼纽尔点点头，用手帕擦了擦脸，将沾满了血的手帕塞进了口袋。

公牛就在那儿，离围栏很近。该死的家伙，也许真的浑身都是骨头，刀枪不入。但他非得叫观众都见识见识。

他接着挥动红布来引公牛上钩，可是对方连动也不动。他将红布在公牛的眼前抖过来抖过去，但一点效果也没有。

他收起红布，拔出剑，侧身刺向公牛。剑刺进公牛的身体，他把全身的力气都压在了剑柄上，觉得剑身都被压弯了。突然，剑飞到了空中，翻转着掉进了观众席。就在剑弹出去的那一瞬间，他闪身躲过了牛角。

✏ 非常惊险，稍有不慎就会被公牛顶到。

黑压压的观众席中有人用坐垫砸他，但没有砸中。又有人扔了一个过来，砸在了他脸上。他扭过满是血的脸，将目光投向观众。坐垫如雨点般砸来，纷纷落在沙地上。近旁有人把一个空酒瓶子扔过来，砸在了他的脚上。他站着不动，望着扔来这些东西的观众席。突然，又有一样东西从空中飞来，落在了他身旁。他看见是自己的那把剑，他弯腰捡起，把剑放在膝上扳直，挥剑向观众致意。

"谢谢诸位！"他说，"谢谢诸位！"

噢，这些讨厌的人们！真是太让人讨厌了！让

✏ 面对观众扔东西，曼纽尔依然表现出了职业斗牛士的风度和优雅。

人恶心又讨厌！曼纽尔在心中咒骂，接着他又朝公牛跑去，奔跑时还踢到一个坐垫。

公牛站在那儿，像什么事也没发生似的。好吧，等着瞧吧！曼纽尔晃动着红布从黑黑的牛鼻子前掠过，但牛并没有反应。只见曼纽尔向前跨了一步，把红布的尖角捅进了湿漉漉的牛鼻子里。

当他向后退时，公牛立刻朝他扑了过来。他被一个坐垫绊了一下，觉得牛角顶着了他，顶进了腰部。他用双手紧抓牛角，被顶得连连后退，但他一直紧紧抓住牛角不放。公牛把曼纽尔甩到了一边。脱身之后，曼纽尔躺在地上一动不动，还好公牛走开了。

他爬起来，咳嗽不已，觉得浑身像散了架一样。

"把剑给我！"他吼道，"把东西给我！"

富恩特斯把剑和红布拿了过来。

埃尔南德斯用胳膊搂着他。

"到医务所去吧，"他说，"不要再傻干下去了。"

"走开！"曼纽尔说道，"快给我走开！"

他一扭身子挣脱了，富恩特斯无奈地耸了耸肩。曼纽尔朝着公牛跑了过去。

公牛小山一样稳稳当当地站在那儿，等待着下

✏️ 在危急关头，曼纽尔还能保持冷静，化解危机。

✏️ 此时，曼纽尔受了严重的伤，但是他的斗志已经完全燃起，他一定要打败这头公牛。

海明威

一轮进攻。

好吧，让你试试下面这个招式！曼纽尔从红布中抽出剑，还以刚才的那种姿势瞄准，忽地扑到了公牛身上。他感到剑尖一下扎进了牛的身体，一直扎到护圈处。他的拇指和四个指头也捅进了牛的身体里，滚烫的鲜血喷在他的指关节上。他把整个身子都压在了牛的身上。

公牛驮着他，摇了摇身子，似乎要倒下去了。他急忙跳了下来，看着公牛慢慢向一边倒去，随后四蹄朝天翻了过去。

他挥手向观众致意，觉得手上的牛血还热乎乎的。

"你们都见识到我的厉害了吧！"曼纽尔心想。他还想再说点儿什么，却咳嗽起来。天气又闷又热，他低头寻找红布，觉得自己应该走过去向主席鞠躬致敬。但他一屁股坐了下来，眼睛望着公牛发呆。只见公牛四蹄朝天，舌头伸了出来，肚子周围和大腿下有什么东西在爬，在那些牛毛稀疏的地方爬来爬去。让这一切都见鬼去吧！曼纽尔挣扎着想站起来，但又开始咳嗽，他再次坐了下来，一声一声咳着。有人走过来，扶他站直。

他们抬着他穿过场子到医务所去。到了大门那儿，由于骡子进来拖死牛，一时堵住了。后来

✏️ 把曼纽尔受伤和筋疲力尽表现得淋漓尽致，他真的是在用生命斗牛。

他们绕过骡子,从黑漆漆的通道过去,抬着他上楼梯,大家都呼哧呼哧喘着粗气,最后把他放了下来。

医生和两个穿白大褂的人正等在那里。大家把他放在手术台上,将他的衣服剪开。曼纽尔感到很疲倦,胸口发烫,像是要炸开一样。他咳嗽不止,他们把什么东西罩在了他的嘴上。所有的人都忙得团团转。

一道电灯光射过来,刺得他闭上了眼睛。

他听见有人迈着沉重的步子在上楼梯,后来那声音就听不到了。突然,远处传来了欢呼声,那是观众在喝彩。原来他计划杀死两头牛,现在另一头只好由别人代劳了。医生把他的衣服全剪开了,冲他笑了笑,雷塔纳也来了。

"你好,雷塔纳!"曼纽尔说道。可是,他听不见自己说话的声音。雷塔纳冲他笑笑,说了句什么,只是他已经听不清了。

舒里托也在手术台前,俯身看医生忙碌,身上还穿着长矛手的衣服,头上却没戴帽子。

舒里托对曼纽尔说了几句话,可是他一句也没听清。

舒里托又对雷塔纳说了些什么。一个穿白大褂的人笑了笑,将一把剪刀递给雷塔纳,而雷塔纳把

✏️ 曼纽尔即便在自己受伤难受的情况下也要和别人打招呼,表现出他的激动。

海明威

剪刀转递给了舒里托。

曼纽尔心想，让这手术台见鬼吧。他以前没少上过手术台！他绝不会死的。如果快要死了，眼前出现的应该是牧师。

舒里托对他说了句什么，同时举起了剪刀。

他们要剪掉他的辫子！他一下从手术台上坐了起来。医生恼火地往后退了两步。有人立即抓住曼纽尔，扶住了他。

"你不能干这事，铁手！"曼纽尔说。就在这时，他好像突然恢复了听力。

"好吧，"舒里托说，"我不会那么做的，只不过是开个玩笑。"

"我干得还是挺不错的，"曼纽尔说，"只是不走运罢了。"

他又躺了回去。有人在他脸上放了个东西。他对那东西非常眼熟，深深吸了口气。他觉得自己现在非常疲倦，非常非常累。他们又把那东西从他脸上拿掉了。

"我干得还是挺不错的，"他虚弱地说，"我还是挺棒的。"

雷塔纳看看舒里托，转身向门外走去。

"我留在这里陪他。"舒里托说。

雷塔纳耸了耸肩膀。

✏️ 曼纽尔一反应过来舒里托是要剪掉他的辫子，立刻就来了精神，这里突出他对自己职业身份、尊严的重视，更突出他永不言败、决不放弃的硬汉形象。

✏️ 指的是氧气面罩。

曼纽尔睁开眼睛，望着舒里托。

"我表现得还是挺不错的，是不是，铁手？"他说，想从对方的嘴里证实这一点。

"当然，你表现得的确不错。"舒里托说。

医生的助手把圆锥形的东西罩在了曼纽尔的脸上。曼纽尔大口地吸着氧气。舒里托手足无措地站着。

阅读小助手

老斗牛士曼纽尔在大病初愈后，不顾老板压榨、朋友的劝阻，哪怕是去夜场替补，也要坚持斗牛。

曼纽尔是海明威经常塑造的具有代表性的"硬汉形象"，面对年龄增长、能力下滑，他表现出顽强不屈的意志。这篇小说完美诠释了"输不丢人，怕才丢人"。

○ 作家档案

中 文 名：**内莉·萨克斯**

外 文 名：Nelly Sachs

国　　籍：瑞典

出生日期：1891年12月10日

逝世日期：1970年5月12日

认识作者

内莉·萨克斯，杰出的抒情诗人、剧作家。生于德国柏林的一个犹太家庭，十七岁开始创作诗歌。1940年为躲避纳粹党在德国对犹太人的迫害而流亡瑞典，加入瑞典国籍，定居瑞典斯德哥尔摩，并从事瑞典现代诗歌的德文翻译工作，同时继续创作诗歌和戏剧。

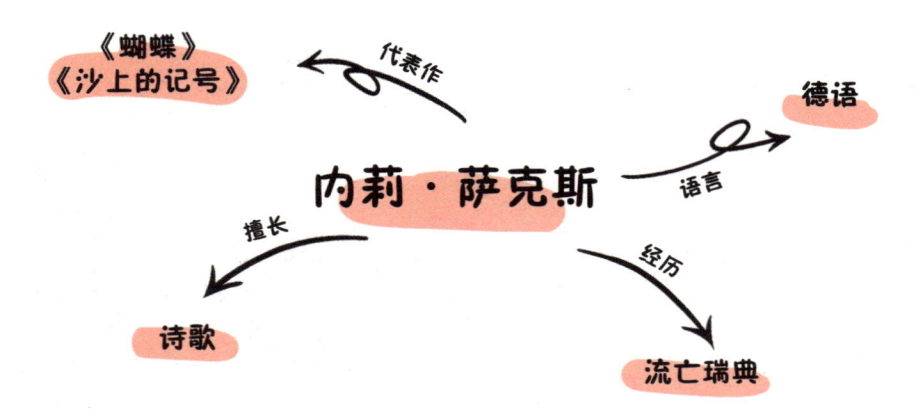

内莉·萨克斯
- 代表作 → 《蝴蝶》《沙上的记号》
- 语言 → 德语
- 擅长 → 诗歌
- 经历 → 流亡瑞典

1966年诺贝尔文学奖

获奖理由：
　　因为她杰出的抒情与戏剧作品，以感人的力量阐述了以色列的命运。

创作风格

　　萨克斯早期师承歌德和席勒，擅长浪漫主义。后来，风格逐渐转向犹太民族的传统文化，诗歌中充满神秘主义色彩，深刻描述了犹太民族的命运以及她个人的不幸遭遇。她的诗歌节奏和谐，自由流畅，富有舞蹈的旋律。

作文素材

　　你的忧伤切割我们的坚硬，直到它碎裂，蜕变成一颗温柔的心。《石头的合唱》

　　她站立处，是世界的尽头，未知的事物在每个伤口处酝酿着。《搜索者》

　　教我们重新学习生活时，务请温柔。以免鸟儿的歌声，或汲满井水的木桶，会让我们愈合不良的苦痛再度崩裂……《获救者的合唱》

蝴　蝶

刘彦妤/译

你的灰尘中描画着
何其瑰丽的天堂。
穿过地球焰心，
穿过岩石地壳，
你被呈送给
稍纵即逝的告别之网。

蝴蝶
向万物道晚安！
生与死的重量
与你的翅膀一同
降落在玫瑰之上。
而那玫瑰
却在归途中日益成熟的光线里枯萎。

你的遗骸中描画着
何其瑰丽的天堂。
空气中又隐藏着
何种尊贵的记号。

> 蝴蝶的翅膀轻盈灵动，生与死都可以像蝴蝶翅膀一样，举重若轻。

内莉·萨克斯

天 鹅

刘彦妤/译

水上空无一物
突然一眨眼间
出现天鹅般的几何幻影
扎根于水
攀援向上
而又弯下
吞入尘灰
用空气丈量宇宙——

✏️ 水面上从无到有,一切皆是想象,到底什么才是真实呢?

安慰者的合唱

刘彦妤/译

我们是失去鲜花的园丁。
无法一夜之间
种出疗愈的药草。
鼠尾草凋谢在摇篮——
迷迭香在新的逝者前失了芬芳——
就连艾草的苦味也只留存于昨日。
安慰的花朵才萌芽就已消逝,
不够消除孩童一滴泪的苦痛。

也许可以从夜晚歌者的心中
采集新的种子。
我们中谁能安慰他人?
在山谷小径的深处
在今时与昨日之间
站着天使
一夜之间
他用翅膀画出悲伤的闪电
用双手握着

> 萨克斯的诗句是晦暗的,却能净化人的心灵。

内莉·萨克斯

昨日与明日的岩石
像伤口的边缘。
一直在开放
还无法被疗愈。

悲伤的闪电不允许
遗忘的田野入睡。

我们中谁能安慰他人？
我们是失去鲜花的园丁，
站在一颗闪耀的星辰上
哭泣。

> ✏ 用拟人的手法，形容夜里的闪电划过田野上空，"吵"得田野无法"入睡"，充满画面感。

有多少海水沉入沙中

刘彦妤/译

有多少海水沉入沙中，
有多少沙在石头中艰难祈祷，
多少时间在贝壳
歌唱的角里被哭泣掉，
鱼儿珍珠般的眼睛见过
多少对生命的放弃，
珊瑚中藏着多少清晨的号角，
水晶中隐去多少星星的纹样，
海鸥的喉咙吞入多少鲑鱼的鱼苗，
有多少思乡的银线
在夜晚的星轨上运行，
有多少丰饶的土地
只为让那一个词生根：
你——
所有秘密的格栅倒塌之后出现的
你——

> 生命从哪来又到哪去？当身为犹太人的作者面对自己民族所遭受的磨难时，她在努力地记住自己的来处。

内莉·萨克斯

> **阅读小助手**
>
> 　　内莉·萨克斯出生于德国柏林，后来为躲避纳粹对犹太人的迫害而流亡瑞典。这段经历深刻地影响了她的创作，逃亡、流放是她作品中常见的主题。
>
> 　　她的诗歌还有另一个特点，那就是在很大的维度上描写微小的事物。如蝴蝶、夜莺、守夜人等，非常有浪漫主义的特征。在《蝴蝶》这首诗中，蝴蝶是多么脆弱而渺小，但是能穿越地球，带给人振奋心灵的力量。

○ 作家档案

中文名： 比昂逊

外文名： Bjørnstjerne Bjørnson

国　籍： 挪威

出生日期： 1832年12月8日

逝世日期： 1910年4月26日

认识作者

比昂逊，挪威现代戏剧家、诗人、小说家。1850年，比昂逊进入海德堡预科学校学习，在这里结识了谢朗、易卜生、约纳斯·李，后来这四人被称为19世纪挪威文坛四杰。比昂逊一生热爱他的祖国挪威，是挪威国歌《对，我们热爱这片土地》的词作者。

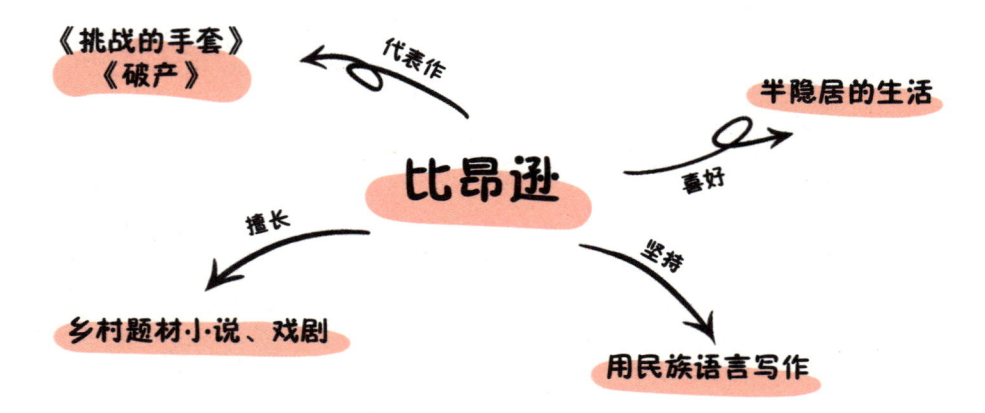

- 代表作：《挑战的手套》《破产》
- 喜好：半隐居的生活
- 擅长：乡村题材小说、戏剧
- 坚持：用民族语言写作

1903 年诺贝尔文学奖

获奖理由：
　　他以诗人的灵感和难得的赤子之心，把作品写得雍容、华丽而又缤纷。

创作风格

　　比昂逊的文学创作成果颇丰，在小说、诗歌、戏剧方面都有较大成就。他的诗歌多记录家乡的自然美景和风土人情，小说则着重反映历史事件与社会现实。此外，戏剧作品多是继承民间创作传统，以民间传说为创作题材的历史剧，也有一些反映现实生活的社会剧。他的作品整体充满清新质朴的田园气息，笔调淳朴，感情敏锐，充满新颖的灵感。

作文素材

　　过了很长时间，他才发现，为了自己的追求他必须放弃虚荣。《曼桑纳上尉》

　　他慷慨解囊的大度和小镇上锱铢必较的风气是如此格格不入，因而对于他的为人处世，人们无不敬佩。《渔家女》

　　我们曾经经历过艰难时刻，但最终被我们克服；在最困难的境域中诞生了我们的自由。自由让我们的先辈战胜了饥饿和战争，让死亡成为荣誉，给予我们和谐。《是的，我们热爱这片土地》

父 亲

张　明/译

> 小说第一句话就介绍了主角的身份，引出下文。

　　此处要讲的故事主角在他那个地区里是最富有、最有名望的人，他的名字叫作托德·奥弗罗斯。有一天他出现在神父的书房里，身形高大，态度真诚。"我有了一个儿子，"他说，"我希望能带他来受洗。"

> 基督教的一种仪式。

　　"你会怎么起名？"

　　"芬恩。是我父亲的名字。"

　　"教父、教母呢？"

　　他们的名字被一一道出，这些都是托德在教区里最有名的亲戚。

　　"还有别的事吗？"神父询问道，抬眼望他。

　　这位农夫犹豫了一下。

　　"我特别想自己给他施洗。"他还是开了口。

　　"那就是在平常的时候？"

　　"下个星期六，中午十二点。"

　　"还有别的事吗？"神父询问道。

　　"没有别的事了。"农夫转了下手里的帽子，像准备走的样子。

神父便站了起来。"还是有件事。"神父说着，向托德走来，握着他的手，严肃地看着他的眼睛，"上帝保佑，愿这个孩子给你带来幸福。"

　　十六年后的一天，托德再一次站在神父的书房里。

　　"真是让我吃惊，托德，你一点儿都没变老。"神父说道，他看不出这个男人有什么变化。

　　"那是因为我没有烦恼。"托德回应道。

　　神父对此什么也没说，但过了一会儿，他问道："今晚有何贵干？"

　　"我今晚过来是为了我的孩子，他明天要受坚信礼。"

　　"他很机灵。"

　　"如果我没听到他明天来教堂时排第几号，我是不会拿钱给神父的。"

　　"他会是第一个。"

　　"我听清楚了。这是给神父的十元钱。"

　　"还有别的事我能为你效劳吗？"神父询问道，眼睛盯着托德。

　　"没有别的事了。"

　　托德离开了。

　　又过了八年，一天，神父的书房外传来一阵声响，来了许多人，为首的是托德，他第一个走进来。

✏️ 此时的托德生活富有、家庭幸福，为后文的反转做铺垫。

神父抬起头来，认出了他。

"你请的朋友真不少，托德。"

"我来这里申请发布我儿子的结婚预告，他要娶卡伦·斯托里登，古兹曼的女儿，就是站在我旁边这位。"

"呀，这可是教区里最富有的女孩。"

"他们是这么说的。"农夫回答道，用手捋了捋头发。

有一会儿，神父坐着没动，像是陷入了沉思，随后一言不发地把名字记在了本子上。两人都在名字下面签了字。托德在桌上放了三元钱。

"我只拿一元钱。"神父说。

"我清楚。但他是我的独子，我希望事情做得有排场。"

神父收下了钱。

"这是你第三次为你儿子而来了，托德。"

"这是最后一次了。"托德说道，他合上钱夹，道别后离开。

其他人缓慢地跟在他身后。

两个星期后，在一个风平浪静的日子，父亲和儿子划着船去湖对岸斯托里登家，安排婚礼的事宜。

"这块横跨板有点松了。"儿子说，站起身来

> 孩子成长中三次人生大事，都由父亲亲自安排操办，体现了父亲的良苦用心和父爱的伟大。

把自己的座板摆正。

就在这时，他脚下的板子滑了一下，他伸长双臂，尖叫一声，落入了水中。

"抓住船桨！"父亲大喊着一跃而起，伸出船桨。

儿子几番尝试，却逐渐停止了挣扎。

"撑住！"父亲喊叫着，把船划向儿子。

只见儿子翻身仰在水面，久久地注视着他的父亲，之后便沉了下去。

托德不相信刚发生的一切。他停住船，盯着儿子沉下去的地方，仿佛他总会重新浮出水面一样。水里浮上一些泡泡，而且源源不断地出现，最后一个大气泡浮上来爆开了，湖面又平静光亮得像一面镜子了。

> 最后一个气泡爆开象征着儿子生还的希望也在父亲心中破灭了。

人们见到父亲划着船在那个地方徘徊，不食不眠，三天三夜。他在湖里拖网打捞儿子的遗体。第三天拂晓之时，他捞到了。他抱着儿子，翻过山回到了庄园。

那天之后大约又过了一年，在一个深秋的夜晚，神父听见门外过道里有人在小心翼翼地摸索门闩。神父打开门，走进来一个高大瘦弱的男人，他已经弓腰驼背，头发花白。神父看了很久才认出来，这人是托德。

> 通过这样一句外貌描写，体现出仅仅一年，因受丧子之痛的折磨，父亲变老了许多。

"这么晚了你还在外面走吗？"神父说道，在他面前站着。

"啊，是啊！是很晚了。"托德说着，坐了下来。

神父也坐下，仿佛在等着什么。这一阵沉默持续了很久。托德最后开了口：

"我带了些东西过来，想捐给穷人。我想要你把它记为我儿子的遗赠。"

他站起身，在桌上放下一些钱，然后重新坐下。神父数了数。

"这可是一大笔钱。"他说。

"这是我家庄园价格的一半。我今天把它卖掉了。"

神父沉默地坐了许久。最后，他温柔地问道：

"托德，你今后怎么打算？"

"去干点更好的事。"

他们坐了一会儿，托德低着头，神父一直看着他。此时，神父慢悠悠地说：

"我觉得，你的儿子终于给你带来了真正的幸福。"

"是的，我自己也是这么想的。"托德抬起头，两颗泪珠缓缓滑过他的脸颊。

> ✏️ 父亲之前沉浸在自己小家庭衣食无忧的幸福里，儿子去世后，他才开始明白，多去奉献，让更多的人得到爱，才是真正的幸福。

比昂逊

阅读小助手

　　这篇小说的结构简单,描述了父亲四次找神父,处理有关儿子的大事,前三次都是世俗意义上可喜可贺的事,最后一次则是因儿子意外去世,他决定把卖庄园的一半钱财以儿子的名义捐给穷人。这说明,遭遇丧子之痛的父亲经过一年的沉淀和酝酿,对生活本质有了更深刻的认知——施比受更幸福。

鹰 巢

张 明/译

> 崇山峻岭环绕不仅是环境描写，更象征着农庄里的人心灵封闭。

恩德雷是一个既小又偏僻的教区的农庄，被崇山峻岭环绕。它坐落在一处平坦肥沃的山谷中，中间穿过一条从山上流下的大河。这条河流进了教区附近的一座湖，映照出周边村落的美丽风光。

一个男人从恩德雷湖上行舟而至，他是第一个来到这片山谷垦荒的人。他名叫恩德雷，定居在这里的人都是他的子孙后代。有人说，他是犯下了杀人罪才逃到这里来，这就解释了他的家族为何这样神神秘秘。也有人说，这是群山的缘故，在仲夏的下午五点就能挡住太阳光。

> 农庄里的人总是在谈论鹰巢，说明鹰巢在人们心里的地位，为下文有人试图攀爬悬崖除掉鹰巢做铺垫。

在教区的上空有一处鹰巢。它筑在高高的山上的一处峭壁间。人人都能看见雌鹰飞入巢内，但谁也够不到。雄鹰在教区上空巡游，有时猛扑下来抓羊羔，有时是抓小孩。有一次它抓着一个孩子飞走了。所以，只要山上有鹰巢，教区里就没有安全可言。当地流传着一个故事，古时候有两兄弟爬上了悬崖，捣毁了鹰巢。但如今没人能够得着了。

在恩德雷，人们打招呼时会谈起鹰巢，并且会

比昂逊

抬头看看。新年以后鹰什么时候会出现？它们在哪里扑下来搞过破坏？最近一位试图攀上鹰巢的人是谁？所有人都对这些问题的答案如数家珍。这个地方的年轻人打小就开始锻炼爬山和爬树，摔跤和打斗，为了有朝一日攀上峭壁，除掉鹰巢，就像那对兄弟一样。

在讲述这个故事时，恩德雷农庄有个最棒的少年叫莱夫，他不是恩德雷家族的人。他生着鬈发和一双小眼睛，在一切活动中都很机灵，而且喜欢美丽的异性。他早就说过，总有一天他会攀上鹰巢。但是老一辈都说他不应该这么大声宣扬。

这让他很生气，他没等自己再长壮一点，便开始了攀爬。那是初夏一个晴朗的星期天上午，雏鹰应该很快就要破壳而出了。一大群人聚集在山脚下想见证这一壮举。老人建议他不要尝试，年轻人怂恿他赶快攀爬。

然而他只听从自己的意愿。一直等到雌鹰离巢，他才往空中一跃，拉住离地几米高的一棵树。这棵树长在一处岩缝里，他就从这处岩缝开始往上攀登。小石头在他脚下松动，泥土和沙砾不断滚落，除此之外一切都纹丝不动，只有背后奔流的溪水发出永不休止的哗哗声。很快他爬到了山岩开始往外凸出的地方。他在这里单手悬挂了很久，只为

✏️ 老人的性格稳重，年轻人做事冲动，两者形成鲜明对比。

> 莱夫在攀爬过程中，遭遇了挑战和危险，再次强调了悬崖难以攀登。

<u>了用脚摸索到一个稳固的立足点，因为他用眼睛看不到。</u>许多人，特别是妇女，都背过脸去，说要是他的父母还在世，绝不会允许他这样做。他终于找到了立足点，然后寻找下一个，一会儿用手，一会儿用脚，失败，打滑，接着迅速回原位抓稳。站在下面的人静得都可以听到彼此的呼吸。

突然，一个远离人群、坐在石头上的高个年轻女孩站了起来。据说她和莱夫早已定了亲，尽管他们没有宗族关系。她张开双臂，大声叫道："莱夫，莱夫，你为什么要这么做？"所有人都转头看她。她的父亲就站在旁边，严厉地瞪了她一眼，但她并未留心。"下来吧，莱夫。"她喊道，"我爱你，在上面你得不到任何东西！"

> 简单的一段话就写出了莱夫的心理斗争，可是他最终决定不听劝告，执意继续向上攀爬。

人们看出他在迟疑。他犹豫了片刻，继续向上。很长一段时间里，一切都进展顺利，因为他落脚稳当，抓握有力。可是过了一会儿，他仿佛开始疲劳，因为他经常停下来歇息。此刻，一枚小石子滚落下来，成了一种预兆。有的人受不了了，便走了。女孩还站在石头上，紧握双手，继续望着上面。

再一次，莱夫用一只手试图抓稳，可是却滑了一下。她看得很清楚。他试了另一只手，也滑了一下。"莱夫！"她高声叫道，声音响彻群山，其他人也跟着喊起来。

比昂逊

"他在下滑！"男男女女都惊叫着，把双手伸向他。他确实在下滑，带着沙石和泥土，下滑，不断下滑，越来越快。人们转过身去，随后听到身后的山上传来一阵沙沙声和刮擦声，紧接着，有东西落到地上发出一声巨响，仿佛是一大团湿泥巴。

> 大家都把脸转过去，不忍心看到年轻人从悬崖上跌落的情形。

等到他们能够四下打量时，他们看到了地上的莱夫，已粉身碎骨，残缺不全，面目全非。女孩瘫倒在石头上，她的父亲把她抱在怀里离开了。

那些鼓动莱夫踏上险恶征途的年轻人，现在都不敢为他收尸，有的甚至不敢直视。老一辈不得不站出来。年纪最大的长者一边托着尸体，一边说："真令人伤心。不过，"他往上看了一眼，补充道，"毕竟，鹰巢筑得这么高也是好事，不是人人都能上去的。"

阅读小助手

年轻人不听劝告，执意挑战攀爬悬崖，最终自吞苦果。这个故事告诉我们，任何事都要三思而后行，量力而为。结尾老人的话，肯定了鹰巢筑得高，是鹰的一种自我保护。同时，也告诉读者，人对自然要保持尊重和敬畏之心，寻求相处之道。

○ 作家档案

中 文 名： 希梅内斯

外 文 名： Juan Ramón Jiménez

国　　籍： 西班牙

出生日期： 1881年12月23日

逝世日期： 1958年5月29日

认识作者

　　希梅内斯，著名诗人，生于一个叫作莫格尔的小镇。他按照父亲的意愿考入塞维利亚大学学习法律，但却把更多的心思用在写作和绘画上，并陆续在报纸上发表诗歌作品。1900年，出版诗集《紫罗兰的心灵》和《白睡莲》，一举成为西班牙诗歌的领军人物。他的诗歌对西班牙诗歌发展影响巨大，被誉为"20世纪西班牙语抒情诗之父"。

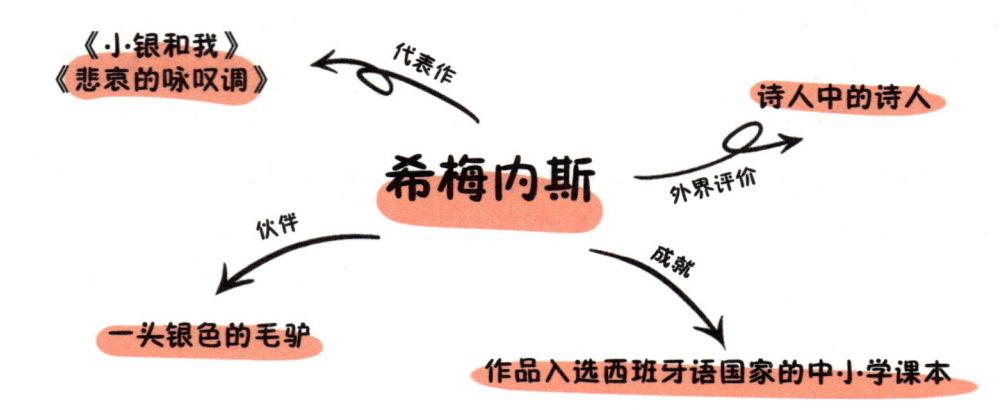

希梅内斯

- 代表作 → 《小银和我》《悲哀的咏叹调》
- 外界评价 → 诗人中的诗人
- 伙伴 → 一头银色的毛驴
- 成就 → 作品入选西班牙语国家的中·小学课本

1956 年诺贝尔文学奖

获奖理由：

由于他的西班牙抒情诗为高度精神和纯粹艺术树立了最佳典范。

创作风格

希梅内斯是一个气质忧郁的天才诗人，忧郁、哀伤的情调或隐或现地贯穿于他一生的创作中。他的早期诗集多数是以描写家乡的自然景色和秀丽风光为主，抒发了诗人对故乡的强烈思念和爱恋之情，格律严谨，音节整齐，比喻新奇，形象鲜明，充满了浓郁的抒情情调。后期的作品则逐渐形成浓郁的西班牙色彩，饱含深情。

作文素材

我不知道应该怎样，才能从今天的岸边一跃而跳到明天的岸上。滚滚长河夹带着今天下午的时光，一直流向那无望的海洋。《我不知道》

当青春的第一抹红晕浮现在你们脸上时，春天会像一个戴着冬天面具的乞丐，把你们吓坏。《小银和我》

小银和我

胡文雅/译

小 银

> 这头叫小银的小毛驴，浑身是银白色的毛，可爱懂事，内心坚强，是"我"忠实的伙伴。

小银是一头毛茸茸、软乎乎的小毛驴。它的外表是那么柔软，所有人看了都说像是棉花，仿佛没有骨头。只有那双乌黑的眼睛，像黑色水晶制成的甲虫一样坚硬。

我解开缰绳，它自己走到草地上，用鼻子轻轻地嗅那些粉色、蓝色、黄色的野花……我亲昵地唤一句"小银？"，它就欢快地朝我小跑过来，那脚步声就像是摇响了美妙的铃铛……

> 将驴蹄声说成像铃铛声，说明"我"对小银的喜爱，它的脚步声听起来都那么悦耳。

我喂什么它都会吃，但它最喜欢的还是柑橘、琥珀般的玫瑰香葡萄，和有着晶莹甜美汁液的深紫色无花果……

它就像一个小男孩，外表乖巧可爱，内心却像石头一样刚强和坚定。每当我星期天外出，骑着它走过村里偏僻的小巷，衣着整洁、悠闲无事的农民们总会望着它说："这驴子真棒……"

是啊，它像钢铁一样坚强，同时又那么温柔，恰似银色的月光。

寒　意

一轮又大又圆的皓月伴我们前行。让人昏昏欲睡的草地上，依稀可见黑莓丛中的黑山羊……当我们经过时，有人悄悄地躲了起来……有棵大杏树探出栅栏，在白月光下盛开着雪白的花，那树冠像是要同白云争高下。杏树像盾牌一样遮住了小路，使它免于三月的星辰投下的寒箭……空气中飘来浓郁的橙子味，湿润而寂寥，是女巫峡的小路啊。

"小银，真冷啊！"

不知道是因为我还是它自己的恐惧，小银急步奔进那条溪流，踩碎了月光。水波粼粼，像水晶玫瑰织成了网，想用湍流将它挽留……

小银夹紧臀部跑掉了，它急忙爬上坡，好像有人在追赶它似的。已经能感受到前面村庄散发的温度了，但这段路怎么会这么长，像是永远无法抵达的远方……

✏️ 这一段环境描写运用了拟人和比喻，在月色之下，一切都变得生动活泼，令人心旷神怡。

✏️ 倒映在溪流中的月亮被小银的蹄子踩碎……充满动态的美感。

上　学

小银，假如你和小朋友一样去上学，你也能

学会A、B、C，学会写字。你会和那头蜡做的驴懂得一样多，就是那个戴着布做的花环的，在玻璃缸里绿色的水中闪耀着粉色、肉色和金色光芒的美人鱼的朋友；甚至还会比帕劳镇的医生和神父更博学哟，小银。

但是啊，小银，你才四岁，就长得这么高大笨重！你说，多大的椅子和课桌才能装得下你？多大的课本、多大的钢笔才适合你用？在唱诗班里你又能站在什么位置一展歌喉？

你别去了吧，因为多米蒂拉夫人，她穿着紫色长袍，系着黄色腰带，好像耶稣受难时的装束，又像鱼贩子雷耶斯，她也许会让你在有梧桐树的那个院子的角落里跪上两个小时，或者用长长的教鞭抽打你，或是把你午饭里的甜点吃光，甚至在你尾巴下面烧纸点火，也可能把你的耳朵揪得又红又烫，像是下雨前庄园工头气急败坏地教训儿子那样……

算了吧，小银。你还是跟着我吧。让我来教你认识鲜花和星辰。这样就不会有人嘲笑你的愚笨，更不会有人给你戴那顶毛驴丑帽子，那帽子上的耳朵有你的耳朵两倍那么大，上面还画着红蓝两色的大眼珠，简直像河里的船舷上画的那样浮夸。

> ✏️ 先说如果小银能去上学，也能学会写字，也能变得博学，随后想到小银要用多大的椅子和课桌，要用多大的钢笔，充满了对小银的怜爱，说明"我"把小银当作自己的亲密朋友。

希梅内斯

后　事

如果你比我先离开这个世界，我的小银，我不会让你像其他驴子或是那些可怜没人爱的马和狗那样，被装进报丧人的推车，丢到海边茫茫的泥滩上，或是被推下山路一旁的悬崖。你不会被乌鸦啄食得只剩一副血淋淋的骨架——像夕阳下废弃船只的残骸——成为去圣胡安车站赶六点钟班车的客商们猎奇的景点；更不会肿胀僵硬地躺在腐臭的布满蛤蜊(gé lì)的水沟，那样会吓坏那些好奇心强，喜欢爬树俯瞰的孩子们。他们常常在秋天的星期日下午去松树林吃烤松子。

放心吧，小银。我会把你埋在园子里那棵大圆松脚下，那是你最喜欢的地方。你就愉快安静地在那里休息。你身边会有小男孩玩耍，会有小女孩在小板凳上做针线活。你会听到我孤独的诗句。你会听到橙子园里姑娘们洗衣服时候的歌唱。水车转动的声音会为你那永恒的宁静带来欢乐和清凉。朱顶雀、黄莺和绿金翅雀会在茂密的常青树冠中，在莫格尔无限的蓝天和你恬静的梦境之间，为你搭建一个终年不间断的音乐屋檐。

> 小银是"我"孤独生活里最好的伙伴，"我"对小银的依赖说明了"我"的孤独。

刺

一进牧场，小银就开始一瘸一拐，我弯腰问它：
"嘿，伙计，你怎么了？"

小银微微抬起右前蹄给我看。它身体乏力，蹄子悬空，几乎不敢碰到路上炽热的沙子。

毫无疑问，我比兽医老达尔朋更加关心它。我小心地弯起它的腿，检查它红红的蹄掌，有一根长长的橙树的绿刺，像一柄翡翠匕首那样扎在那里。我心痛地颤抖着帮它拔出了刺，然后带着这个小可怜来到开满黄百合的小溪边，让水流用干净的长舌舔舐它的伤口。

我们继续朝着白色的海洋走去，我走在前面，它跟在我后面跛着脚走，时不时还轻轻蹭我的后背……

> 小银受伤后，依然跟在"我"身后，用头蹭"我"的后背，说明了小银对"我"的依赖。

归 来

我们从山里满载而归：小银驮着马郁兰，我背着黄色的百合花。

四月的午后，西方的天空先是一片透明的金黄色，然后又变成银白色；整个天空仿佛是一片光洁闪耀的水晶百合花。接着，浩瀚的天空像透明的蓝

> 通过描写天空颜色的变化，使整个画面显得动人，读者仿佛身临其境，天空的多姿多彩与"我"孤独的心境形成了对比。

宝石，随后又变成翡翠色。在这样的美景里，我却忽然有些忧伤……

上坡之后，我看到镇子塔楼上的瓷砖在熠熠生辉，庄严的光彩为它增添了几分崇高。近看时，它又和塞维利亚大教堂的远景有些许相似。我那在春天里愈加强烈的对城市的怀念，终于能够在这里找到一丝慰藉。

回去吧……可是回哪里去？回去做什么？为什么回去？……不过我带回来的百合花在微凉的傍晚香味更加浓郁了，这是一种让人的肉体和灵魂都备感孤寂的幽香。

"我可怜的灵魂，如同暗影中孤单的百合花！"我忧伤地自言自语。

我忽然想到，我正骑着小银呢，竟然忘记还有它的陪伴，仿佛它已经是我身体的一部分。

建筑物上面的呈塔型的小楼。

春　天

啊，多么辉煌，多么芬芳！
啊，草地在欢笑！
啊，多么动听的晨曲！

——民谣

  清晨睡梦中，一阵小孩顽皮的尖叫声惹恼了我，无法再入睡，我无奈地躺在床上。当我转过头望向窗外，才发现刚才吵闹的原来是小鸟。

  我来到花园里唱起歌，感谢造物主赐予的蓝天。鸟儿们尽情地歌唱，不绝于耳！水井里燕子的叫声任意婉转；画眉鸟站在成熟落地的橙子上吹口哨；黄鹂正在树丛里聊得火热；桉树梢上传来山雀久久的笑声，大松树上的麻雀则争执不休。

  多么美好的早晨啊！太阳向大地投来金色和银色的欢乐光芒；彩色的蝴蝶在花丛间、清泉边到处飞舞，时而飞进屋子，时而又飞出去。田野的各处正在嘎吱嘎吱作响，裂开，沸腾，准备好迎接全新的健康生活。

  我们仿佛置身于一个大蜂巢里，也如同被一朵温暖而光明的巨大的玫瑰花包围。

> 这一段全部描写的是鸟儿们的叫声，并用拟人手法赋予生动的气息。

自　由

  我正欣赏着路边的花丛，忽然有一只闪闪发亮的小鸟吸引了我的注意。在湿润的绿草地上，它好像被什么困住了，不断地扇动着彩色的翅膀。我们慢慢地走近它，我在前面，小银跟着我。原来那边有一处阴凉的水槽，一群调皮的孩子支了一面网在捕鸟。而这只可怜的小鸟就不幸误入网中，拼尽全力也无法挣脱，只能呼唤天上的同伴。

这原本是一个晴朗明净、碧空如洗的早晨。附近的松林里隐隐约约传来小鸟们的轻声合唱，在金色的海风中随着树梢的摇曳而婉转起伏。可惜这天籁般的音乐会，竟然与那些坏心肠的人为邻！

我骑上小银，一夹双腿，叫它快步奔向松林。来到一片茂密的树荫下，我开始拍手，大声地又唱又叫，小银也跟着叫了起来，一声接一声不断地嘶吼。树林里的回声像是在大井中传递，深沉而洪亮。就这样，小鸟们都唱着歌飞到别的林子里去了。

在远处孩子们生气的咒骂声中，小银用它毛茸茸的头蹭我的胸口，以此表达它的谢意，直到蹭得我感到胸口疼。

✏️ "我"为了小鸟避免被捕获，在松林中和小银制造声音，把鸟儿赶到别的林子里，体现了"我"热爱动物和一切生命。

夏　天

小银被牛虻咬了，流出浓稠而殷红的鲜血。知了没完没了地鸣叫，也没能把松树给锯开……我从片刻的睡梦中醒来，一睁眼发现沙地的美景笼罩在了一片恐怖的白雾中，即使在这炎热的夏天，也不由得让人顿生凉意。

低矮的灌木丛里，星罗棋布似的悠然开出一朵朵大花，玫瑰的花瓣如烟雾，如薄纱，如丝缎，上面还挂着几滴露珠；令人窒息的雾气，给松林盖上了一层灰白色。一只我从未见过的黄底黑点的小鸟，静悄悄地站在树上发呆。

果园的看门人敲着铜锣，驱赶一大群直奔橙子而来的飞鸟……我和小银来到了胡桃树的树荫下，切开两个西瓜，随着清脆的声响，西瓜露出了带着霜的红色瓜瓤。我慢慢地吃着我的瓜，一边听着远处镇上的晚祷；小银像喝水一样吸吮着它那个瓜的甜瓤。

小女孩

> 小女孩和小银的互动越多、越真实，下文中小女孩去世就越令人感到悲伤。

那个小女孩曾经是小银的开心果。每当看见她从丁香花丛中走来，穿着白色的小裙子，戴着草帽，奶声奶气地叫它"小银，小小银！"，这毛驴就激动得要挣脱缰绳，高兴地疯叫、跳跃，就像个孩子。

她对小银放心得不得了，从它身下钻来钻去，用小脚踢它，将她那白嫩的小手放进小银满是黄牙的大嘴里，或者去拉它故意低下头让她够得着的耳朵。她编出各种各样的昵称去叫它："小银！大银！小小银！好小银！坏小银！"

当小女孩躺在白色的病床上，生命的河流奔向死亡的时候，在那些漫长的日子里，再也没有人挂念小银，可是她在昏迷中还痛苦地叫着："小……小银……"在那间被叹息和黑暗占据的房间里，有时仿佛也能听见她的伙伴遥远而悲哀的叫声。多么悲伤的夏秋之交啊！

可怜的小女孩下葬的那天下午，上帝洒下了和现在一样的，九月的玫瑰色和金色光线。落日下，墓地的钟声回响，送她走向天国的道路……我独自心痛地沿着围墙回家，从后院的门进去，避开人群，走到马厩前坐下，和小银一同哀悼。

> 孩子的爱总是发自心底的。

离　世

我发现小银躺在麦秸堆上，眼睛在流泪，充满悲伤。我走过去，抚摸它，和它说话，想让它试着站起来……

可怜的小银用力地挪动身子，可是还有一条前腿跪在地上……它站不起来……我帮它把那条前腿伸直平放在地上，又一次温柔地抚摸它，同时叫人把它的医生请来。

✏️ 这里没有写医生的回答，而是用医生失望而无助的动作从侧面说明了小银的命运。

老达尔朋看了看小银，他那没牙的大嘴就瘪了进去，嘴角耷拉到后颈，充血的头埋进胸口，像钟摆那样摇着。

"情况不妙吗？"我问他。

我不记得他是怎么回答我的……大概是说不幸的小银就要离世了……什么……一点儿痛苦……一种我不知道名字的毒草根……在草地上……

中午，小银死了。它那像棉花一样白的肚子肿成了球，僵硬而苍白的四肢朝天伸着，卷毛犹如破旧的布娃娃头上的乱麻，用手一摸就会在一片悲哀的灰尘中脱落……

寂静的马厩里，盘旋着一只美丽的三色蝴蝶，每次飞过从小窗射下来的那束阳光，它就闪闪发亮……

怀　念

小银，你在看着我们，是不是？你真的能看见果园水车里干净清凉的水在欢笑吗？你真的能看见蜜蜂在绿色和紫色的迷迭香花丛间围绕，还有小山丘在太阳下散发着玫瑰色和金色的光，对吗？

小银，你在看着我们，是不是？

你真的能看见，洗衣姑娘们的小毛驴疲惫而悲伤地跛着脚，走过老泉那边的红色山坡，也能看见广阔的天地被连接成一块纯净闪耀的水晶，对吗？

小银，你在看着我们，是不是？

你真的能看见，孩子们在灌木丛里疯狂地奔跑，能看见花朵栖息在枝头，仿佛一群白底红点的蝴蝶停在那里偷懒，对吗？

小银，你在看着我们，是不是？

小银，你真的能看见我们，对吗？是的，你看见我了。我觉得我听到了，是的，是的，我听到在空旷的西方，你轻柔得令人心酸的嘶鸣，将整个葡萄园山谷变得美丽动人……

忧　伤

今天下午，我和孩子们一起去探望小银，它的坟墓就在毕尼亚果园里那棵高大的圆松树脚下。在它周围，四月已经为湿润的土地装饰上了许多黄色的百合花。

在松树绿色的圆顶里，有黄莺在婉转华丽地歌唱。歌声飘扬在温暖的金色空气里，宛如充满爱的清新梦境。

快到地方的时候，孩子们就不再喊叫了。他们安静严肃地站着，用亮晶晶的眼睛望着我，眼里充

✏️ 前后呼应。前文中提到要将小银埋在圆松树下，"我"兑现了承诺。在小银去世后，"我"一直没有忘记这位朋友，时常去探望。

满焦急的疑问。

"小银，我的好朋友！"我对着大地说，"也许如我想象的那样，现在你正走在天国的草地上，毛茸茸的背上驮着小天使们；也许你已经忘记我了？小银，告诉我，你还记得我吗？"

像是在回答我的问题似的，<u>忽然飞来一只白色的小蝴蝶，在我面前飞舞了许久</u>，如同一个灵魂在流连一朵朵百合花……

> 🖊 这里是浪漫的写法，好像小银化作了白色的蝴蝶，前来回答"我"的问题。

献给在莫格尔天上的小银

活泼可爱的小银，我的小毛驴，你带着我的灵魂，飞过了多少次那些长满仙人掌、锦葵和金银花的小路。我把这本关于你的书送给你，现在你能明白书里面的故事了。

它将经过莫格尔的风景，飞向你那在伊甸园里吃草的灵魂。我想那风景的灵魂也已经同你一起飞到天国；我的灵魂乘着书脊，走过开着花的黑莓丛，升向天空，因此它每天都变得更加美好、宁静和纯洁。

是的，我知道，傍晚的时候，我穿过寂静的橙子园，在黄鹂和橙花之间沉思着，慢慢地走到你长眠的松树下，站在从你破碎的心中绽放的黄百合花

希梅内斯

前,小银,你也会在开满永恒的玫瑰的草地上,幸福地注视我。

(节选自《小银和我》)

> **阅读小助手**
>
> 　　这部作品像是忧伤而动人的散文诗,每一节的篇幅不长,但是很真实,描写了"我"和一头银色毛驴的友谊。他们一起走过山谷,一起在黄昏时返回城镇,一起在开满花朵的山坡玩耍,还有镇上的孩子们、大人们,也出现在"我"的笔下。
>
> 　　或许,每个人都有像小银这样的动物伙伴,你能把你的动物朋友写下来吗?

○ 作家档案

中 文 名：米斯特拉尔

外 文 名：Gabriela Mistral

国　　籍：智利

出生日期：1889年4月7日

逝世日期：1957年1月10日

认识作者

米斯特拉尔，诗人。早年丧父，自学成才。十四岁开始发表诗作，年轻时与一个铁路职员相恋，对方由于不得志而自杀，对死者的怀念成为她初期创作的题材，作品充满哀伤的情调。曾在家乡和圣地亚哥任教师。1922年应邀参与墨西哥教育改革，1934年起任智利驻欧美诸国领事，晚年任驻联合国特使。

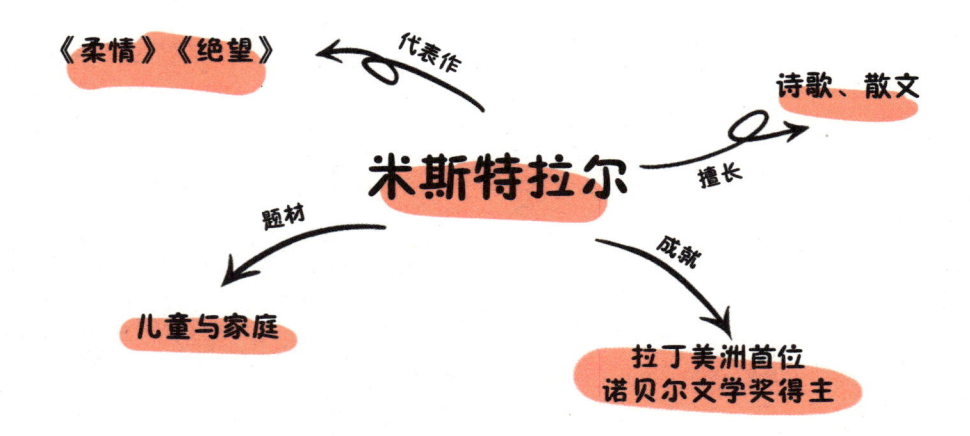

《柔情》《绝望》 ← 代表作 — **米斯特拉尔** — 擅长 → 诗歌、散文

题材 → 儿童与家庭

成就 → 拉丁美洲首位诺贝尔文学奖得主

1945 年诺贝尔文学奖

获奖理由：

　　她那由强烈感情孕育而成的抒情诗，已经使得她的名字成为整个拉丁美洲世界渴求理想的象征。

创作风格

　　米斯特拉尔以清丽的风格表现了深邃的内心世界，为抒情诗的发展开辟了新的道路。随着时间的推移，她的诗的内容和情调有了显著的转变。她放开了眼界，扩展了胸怀，由个人的叹惋和沉思转向博爱和人道主义，为穷苦的妇女和儿童祈求怜悯，为受压迫被遗弃的人们鸣不平。

作文素材

　　如果你看我，我就变得美丽，仿佛小草披上降下的露珠，河水退去时，高高的芦苇不再认得我焕发容光的颜面。《羞怯》

　　春夫人有着光荣的双手，她用各种各样的玫瑰为我们把生活点缀：有的象征温柔，有的象征欢扬，有的象征狂喜，有的象征原谅。《春夫人》

大树的赞歌

冯 珦/译

> 诗人抓住树根的特点，将树根比喻为铁钩，形容抓得牢固。

大树兄弟，你将褐色的铁钩
深植泥土，
你抬起明朗的额头
满怀对天空深沉的渴望；

让我以慈悲心面对残渣
它化作春泥将我养育，
蓝色国度，我的故土
别让我对那里的记忆淡去。

你用宽广清凉的树荫
和焕发的光彩
向旅人展现
你柔美的风采：

在生命的草原上，
彰显我的存在，
让我对人们的心灵

米斯特拉尔

施加温热的影响。

树的产出十分丰饶：
色泽艳丽的果实，
用于建筑的原木，
随风而来的暗香，
供人乘凉的枝叶；

🖍 充分描写了树木的伟大之处。

柔软的树胶，
奇妙的树脂，
被果实压弯的枝条，
枝头鸟儿优美的歌喉；

让我变得丰饶
像你一般多产，
愿我的内心和思想，
变得如同世界一般宽广！

愿纷杂的事务
不会令我倦怠。
巨大的付出
不会使我枯竭！

树的脉动
如此静谧，
你看到时代的动荡
正在消耗我的力量：

请赐我平静，
让我如男子汉一般镇定，
它为古希腊的大理石雕
输送了神性的叹息。

> 诗人运用丰富的修辞，为树赋予了生命。

树啊，你是女性
甜美的怀抱，
每一根枝条都随风轻摆
摇晃鸟巢中的生灵入眠：

给我一片宽广茂密的树冠，
为宽广的人类森林中
无处栖身的人，
遮风挡雨。

树啊，无论在何方扎根
你的躯干总是充满活力，
经久维持着同一个

米斯特拉尔

保护的姿态：

历经所有悲欢，
幼年、老年、愉悦、痛苦，
愿我的心充满
宽广不渝的爱意！

🖉 树是一种象征，既象征着生命力，又象征着我们人类自身的伟大。

对星星的诺言

冯 珣/译

> 整首诗从"星星的眼睛"写起,描绘了星星在夜空中调皮的状态,充满童真与乐趣。

星星睁着小眼睛
夜幕像黑色的天鹅绒
你们从高处
看我可纯真?

星星的小眼睛
挂在宁静的夜空
告诉我,你们从天上
看我乖不乖?

星星的小眼睛
不安分地眨呀眨
为什么你们
有蓝的、红的和紫的?

星星的小眼睛
充满好奇,整夜不合眼
为什么玫瑰色的朝霞

　　　　　　　　　　　　　　　　　　　　　米斯特拉尔

能抹去你们的身影?

星星的小眼睛
洒下泪水或是露珠
难道是因为寒冷
你们才在天上轻轻颤抖?

星星的小眼睛
我跪在大地上向你们保证
只要你们一直望着我
我会永远纯真。

> ✏️ 结尾点题。对星星的诺言让孩子的纯真变得更加真实和自然。

财 富

冯 珣/译

> 幸福即是无行的财富，任何人夺不走。

我有两种幸福
一种忠诚、一种迷惘：
一种像玫瑰花，
另一种却像花刺。
纵使他人将我洗劫，
却带不走我的幸福；

我有两种幸福
一种忠诚、一种迷惘，
我一身热血
又满怀忧伤。
啊！玫瑰花是多么痴心的情人
花刺被深深爱着！
就如枝头毗连双生的果实

我有两种幸福
一种忠诚、一种迷惘。

米斯特拉尔

黎 明

冯 珣/译

我心潮澎湃
宇宙如灼热的瀑布般涌入。
新的一天到来了，
它的到来让我屏息。
我仿佛被填满的洞穴
歌颂新的一天。

恩典失而复得，
无功受惠，我深感惭愧。
直到夜晚的蛇发女妖
战败溃逃。

阅读小助手

　　作为一位女诗人，米斯特拉尔的诗歌带有博大的母性，她总是用善良慈祥的目光看待世间万物。她为穷苦的妇女、儿童写诗，为遭遇生活磨难的人们鸣不平。这让她的诗歌蕴含着深切的情感，另一位智利诗人聂鲁达称赞米斯特拉尔的诗歌"达到了永恒雪山的高度"。

○ 作家档案

中 文 名：拉格洛夫

外 文 名：Selma Lagerlöf

国　　籍：瑞典

出生日期：1858年11月20日

逝世日期：1940年3月16日

认识作者

　　拉格洛夫，瑞典19世纪末新浪漫主义文学的代表，世界上第一位获得诺贝尔文学奖的女性。她生于瑞典的一个贵族军官家庭，她的父亲酷爱文学，她的祖母会讲许多民间故事和童话、神话，这对她日后的文学生涯有很大的影响。

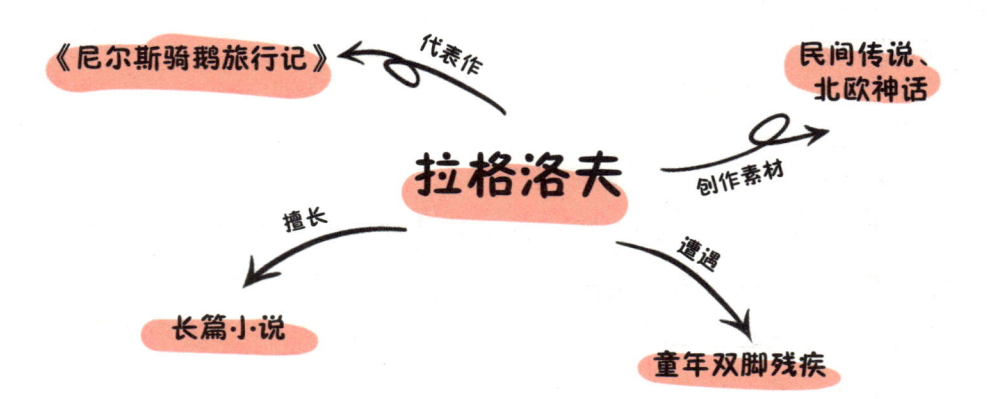

《尼尔斯骑鹅旅行记》 ← 代表作 — 拉格洛夫 → 创作素材 — 民间传说、北欧神话

擅长 → 长篇小说

遭遇 → 童年双脚残疾

1909 年诺贝尔文学奖

获奖理由：
  由于她作品中特有的高贵的理想主义、丰富的想象力、平易而优美的风格。

创作风格

  拉格洛夫的作品大多以瑞典农村为背景，擅长描写农民的生活，提倡民族民间传统，传扬道德、善行和纯真的感情。在艺术上，她的叙事性作品格调优美，思路开阔，富有诗意，讲究修辞。此外，她还写过一些诗歌，以表达对时代的动荡和骚乱的忧虑。

作文素材

  随着年龄的增长，人会变得更加安于现状，与其永远沉寂在虚无之中，还不如珍惜眼前的一切。《尼尔斯骑鹅旅行记》

  时间在不断变化，命运也反复无常，这一切我们都无法逃避。《尼尔斯骑鹅旅行记》

鸟巢传说

谭 塞/译

隐士哈托站在荒凉的旷野中，向上帝祷告。狂风肆虐，他长长的胡子与打结的发丝如同古老废墟顶上随风飘扬的野草，肆意摇曳。然而，他不曾理会挡住视线的头发，也没有将长胡须束于衣带之中，因为他正高举双臂向上帝祷告。从日出时分起，他便将自己粗糙多毛的双手向天高举，如同一棵伸展枝条的大树一样不知疲倦，他打算就这样一直坚持到夜幕降临，他有一件大事需要祷告。

他是饱尝过世间种种恶意的一个人，他曾经迫害折磨过他人，然后又遭受了来自他人的迫害与折磨，这让他的心灵无法再负荷更多的伤害。于是，他前往那片旷野，在河岸边挖了一个洞穴，住在里面。他相信，终有一天，他的祷告会被上帝听见。

隐士哈托站在洞穴外的河岸边，为他生命中最为重要的事情向上帝祷告。他祈求神让审判之日降临这个充满罪恶的世界，他呼唤着那些吹响号角的天使，他们将宣告罪恶权势的终结。他呼喊着血海巨浪，那将淹没一切不义之人。他召唤着瘟疫之

✏️ 这一段描写从侧面刻画出了隐士的虔诚，在狂风之中屹立不动，为下文隐士终日不动做出铺垫。

拉格洛夫

灾，那将使墓地中堆满尸骸。

他的周围是一片无尽的旷野。然而，就在岸边不远处地势稍高的地方，矗立着一棵老柳树，短小的树干顶端隆起一个如头颅般的结节，新鲜翠绿的枝条从中长出。每逢秋季，树枝都会被那片贫瘠之地的居民劫掠一空，等到春天来临，这棵树又抽出了娇嫩的新枝芽。在狂风暴雨的日子里，柳枝随风雨摇曳，就如同隐士哈托的发丝和胡须一样随风摆动。

那对习惯在柳树干顶端、青翠嫩芽间筑巢的鹡(jí)鸰(líng)，正准备开始实施它们的筑巢计划。然而，在猛烈狂舞的树枝间，它们找不到栖身之处。它们带着芦苇、根茎和冬季枯黄的薹草飞来，却不得不无功而返。就在这时，它们注意到了那个正在向上帝呼求让暴风雨再猛烈七倍，<u>好让小鸟巢窝被卷走的年迈的哈托</u>。

当然，现在的人谁都无法理解像哈托那样一个久居荒野的老人，一个皮肤干燥、粗糙、布满皱纹，面色暗沉的老隐士是多么的苍老。他额头和脸颊上的皮肤紧绷得如同骷髅，只有眼窝深处微微闪烁的光芒透露着他尚存的生命气息。身上干瘪的肌肉让他毫无线条可言，他的手臂仅由几根细长的骨头支撑着，皮肤表面皱巴巴，坚硬似树皮。他穿着

✏️ 这里的隐士希望鸟巢被毁与下文中他悉心保护鸟巢形成十分强烈的对比。

一件古老的、紧身的黑色斗篷。他被阳光晒得黝黑，满脸污垢，只有他的头发和胡须是浅色的，经过雨水和阳光的洗礼，逐渐变成像柳树叶的背面一样的灰绿色。

鸟儿们在四处盘旋寻找落脚地的时候，将隐士哈托当成了另一棵老柳树，一棵同样被斧子砍伐后顶端朝天的柳树，就如同之前那棵一般。它们绕着他转了好多个圈儿，飞来飞去，并沿路留下标记，观察着他离猛禽与风暴的距离，尽管发现那儿并不是个有利于它们筑巢的地方，但因为实在距离河岸、薹草丛、食物来源以及各类巢材过近，依旧选中了他。其中一只鸟儿快速地飞到他伸开的手掌中，将筑巢的根茎放下。

暴风雨短暂地停歇了片刻，因此那根茎并没有立刻从他的手中被吹走。隐士的祷告没有丝毫停顿："毁灭这个败坏的世界吧，以免让世人累积更多的罪恶！拯救那些尚未出世的生命吧，因为活着的已经无药可救了。"

很快，暴风雨再度来袭，那根小小的根茎从隐士那粗糙的大手中随风飘远。然而，鸟儿们却再次返回，依旧试图将新家的"基石"嵌入他的指缝隙间。忽然之间，一根粗糙又肮脏的大拇指压了上来，将那些秸秆紧紧地固定住，其余的四根手指微

▶ 用一个看似充满怨恨的隐士的简单动作就说明了他的内心其实很善良，愿意帮助鸟儿筑巢。

拉格洛夫

微弯曲，形成了一个幽静的堡垒，让鸟儿得以继续搭建。但隐士仍然还在坚定持续地祷告：

"那毁灭世界的烈火现在在何处呢？何时才会让洪水漫过大地，摧毁一切呢？"

隐士哈托仿佛见到了审判之日的异象。大地震动，天空闪烁。在赤红的天空下，他看见一群黑压压如乌云般的鸟儿从空中飞来，覆盖着地面呼啸而过，它们发出阵阵咆哮与怒吼，如一条汹涌急湍的逃亡动物的河流。但就在他的灵魂被那些火焰异象所占据的同时，他的眼睛开始随着那些小鸟的飞舞而移动，它们来去匆忙，伴着阵阵满足的啁(zhōu)啾(jiū)声将新的秸秆放入巢内。

> 充满生机、专心筑巢的鸟儿开始影响隐士的心境。

老人没有要动弹的念头。他早已起誓要整日一动不动地站在那儿，伸直双臂向上帝祷告。随着身体越发疲惫，他脑海中的异象也越发生动起来。他听到了众城墙坍塌、众人居所崩裂的声音。惊恐万分的人们尖叫着从他身旁跑过，复仇和毁灭的天使们紧追其后。高大威严的天使容貌俊美，他们身披银甲，骑着黑马，挥舞着由白色闪电编织而成的鞭子。

经过那些小鹡鸰的坚持不懈，筑巢取得了显著的进展。在这片旷野上，矮丛薹草随处可见，此外还有长着茂密的芦苇与水葱的河岸，巢材可谓十分富足。它们无论是午餐后还是晚餐后都无暇休息，满怀热情与喜悦地来回飞舞。夜幕未降时，它们已几乎筑到巢顶。

然而在夜幕降临前，隐士的目光越来越多地聚焦在它们身上。他开始观察它们的一举一动，斥责它们做出的愚蠢行径，对它们被风所伤感到不快，当它们停下来休息时，隐士却感到不耐烦。

当太阳西沉，鸟儿们飞回到芦苇丛中熟悉的栖息处歇息。

如果有人在夜幕低垂时走过这片荒野，需弯腰俯身，这样他的脸便能与草丛齐平，他将会目睹一幕奇妙的景象在明亮的西边显现出来。猫头鹰挥舞着巨大圆润的翅膀掠过荒地，那是站立的人所无法察觉到的。一群极北蝰蛇在那里蜿蜒而行，它们动作敏捷、速度极快，天鹅颈般的脖子上昂着细长的头颅。一群大蛤蟆缓缓地向前爬着，野兔和田鼠为了躲避食肉动物四处逃窜，而狐狸则在追赶着一只正在河面上捕食蚊子的蝙蝠。就连每一棵草，都像是有了生命一般。而这一切发生时，小鸟儿都正在摇曳的芦苇茎上酣睡，那里远离一切危险，无比安全。因为敌人一旦靠近，水面便会泛起涟漪，芦苇也会晃动从而惊醒它们。

当清晨来临，睡醒的鹈鸪还以为昨天的一切都

✏️ 暴风雨停下来后，荒野的草丛中现出生机，动物们出动觅食，而忙碌了一天的鸟儿在睡觉，这些动物丰富了故事的主题，它不仅仅是一个隐士与鸟儿之间的事。

只是一场美梦。

　　它们根据之前留下的标记一路向新巢飞去，却一无所获，巢窝不翼而飞。它们在旷野上四处寻找，飞到高空查看，却没发现任何巢窝或树木的痕迹。最终，它们在河岸边的几颗石头上停下，陷入了沉思。它们一边摆动着长长的尾巴，一边转着脑袋。那棵老树和巢窝到底去哪里了？

　　然而，当晨曦出现于另一条河岸的森林边缘约一掌宽的时候，它们的树便悠然地漫步而来，站在与昨天相同的位置上，依旧如往常那般黝黑粗糙。它们的巢窝就在某个物体的顶端，那似乎是一根直立的枯枝。

　　随后，鹡鸰开始继续筑巢，不再纠结于大自然的奥秘所在。

　　隐士哈托曾把小孩子赶出自己的洞穴，告诉他们从未经历过白昼才是最好的；他曾冲向泥潭，对着在河面上划着悬挂着旗帜的船只的那些快乐年轻人咒骂；他曾用充满敌意的目光，引得旷野上的牧人对他们的畜群多加戒备；却因为鸟儿的缘故，没有返回他在河岸边的住处。但他知道，不仅仅是经文中的每个字符都有其隐藏的神秘含义，就连大自然里发生的一切也是这样，都是上帝的安排。现在他终于明白了鹡鸰在他手里筑巢到底意味着什么

拉格洛夫

✏ 设置悬念。昨天鸟儿在隐士的手上筑的巢第二天却不见了，隐士去哪里了呢？鸟巢还完好吗？

✏ 原来，隐士在晚上回到洞穴睡觉去了，而鸟巢还完好无损，被隐士保护着。

> 哈托并非感动才保护，而是他认为只有保持双臂高举直到雏鸟长大上帝才能垂听祷告。

了。上帝是希望他能站在原地，双臂高举持续祷告，直到鸟儿将雏鸟抚养长大，如果他能做到这点，上帝就会垂听他的祷告。

这一天里，他看到的有关审判日的异象逐渐减少，反而，他追随鸟儿的目光却越发炙热。他看到巢窝即将完工，那些小建筑师们在四周飞来飞去，仔细检查每个细节。它们从真正的柳树上取下一些小片的地衣，牢牢地粘在鸟巢的外围，代替水泥抹灰或者颜料。同时，它们还用最好的羊胡子草和鹡鸰雌鸟从胸前拔下的绒羽装饰巢窝内部。

农夫们十分害怕哈托的祷告可能会带来毁灭性的力量，为了平息他的怒气，常常给他带去面包和牛奶。现在，当他们再来时，发现他站在那里一动不动，一只手里捧着一个鸟巢。

他们说："看，这个虔诚的男人多么爱这些小动物。"从此不再惧怕他，而是将牛奶罐举到他嘴边，把面包放进他嘴里。在他吃饱喝足后，他用恶言驱赶那些人，但他们对他的诅咒只是一笑置之。

他的身体早已成为他意志的仆人。他通过忍受饥饿、体罚、长时间的跪拜和保持警醒等方式让他的身体学会了服从。现在，他坚硬如铁的肌肉让他的双臂能够一伸就连续数日，甚至数周。当鹡鸰雌鸟留在窝中孵蛋不再离巢时，他甚至在黑夜里也不再回自己的洞穴了。他学会了保持双臂伸直的状态坐着睡觉。在荒野中的朋友，或许有人做过更厉害的事情。

他开始习惯有那么两只不安的小眼睛总从鸟巢的边缘望他。他留心着冰雹和雨水，尽其所能地保护着鸟巢。

在某一天，雌鸟从它的守卫责任中解脱出来了。两只鹡鸰都坐在鸟巢的边缘，摇动着尾巴商量着什么，看上去兴高采烈，尽管整个巢窝中似乎都充斥着焦躁的啁啾声。过了一小会儿，它们开始了最疯狂的捕蚊作战。

一只又一只的蚊子被捉住带回家，随着食物的到来，叫声变得越发嘈杂。那个虔诚男人的祷告常被尖锐的啁啾声打断。

然后他慢慢地将几乎无法动弹的手臂缓缓落下，用炯炯有神的小眼睛专注地望向下面的巢窝。

他从未见过某样东西如此其貌不扬、不堪入目。一个个光秃秃的小小身体上仅有几缕稀疏的绒羽，看不到眼睛，也不会飞，实际上就是只有六张嗷嗷待哺的嘴巴大大地张着。

虽然这对他来说很怪异，但他喜欢它们本身的样子。他之前在祷告的时候，从未想过在那场大灾

🖍 隐士哈托为了雌鸟孵蛋，夜里也伸直双臂，鸟儿的生机逐渐在改变他的内心。

🖍 六个新的生命在哈托手掌内诞生，是哈托内心发生改变的巨大转折点。

难中将什么排除在外，就连它们的父母也不例外。但从此以后，当他再次祈求上帝通过毁灭的方式拯救这个世界时，却默默地为这六只脆弱无助的小生命破了例。

当农妇们给他送去食物时，这次他没用祝她们早日灭亡这种话来表达感谢。他反而很高兴她们没让他饿死，因为对于在上面的那些小家伙而言，他是一个不可或缺的存在。

没过多久，就有六个圆滚滚的小脑袋整日在鸟巢边缘探头探脑。老哈托越来越频繁地将手臂降至眼前，看着它们的羽毛一点点地从红红的皮肤中长出来，眼睛慢慢睁开，身形也变得越发圆润起来。这些飞行动物享受着来自美丽大自然的珍贵馈赠，在成长过程中很快便展现出了它们独特的美。

在这段时间里，老哈托在做让大灾难尽快到来的祷告时，变得迟疑不定。他认为他得到了上帝的应许，等雏鸟们学会了飞行，便是大灾难降临的时刻。现在，他站在那里，似乎在寻找一种回避上帝的方式，因为他无法就这样舍弃这六个由他呵护长大的小家伙。

之前的情况可完全不同，那时的他一无所有。对脆弱无助的小生命充满爱，就像是小孩子的任务，需要去教导那些高大而危险的人。这样的爱意

> 隐士哈托开始欣赏这些新的生命，它们一天天长大，逐渐从丑陋不堪变得美丽。这样的过程逐渐治愈了隐士的内心，他的思想进一步转变。

笼罩住了他，让他犹豫不决。

偶尔，他会想把整个鸟巢扔进河里去，因为他觉得对于没有任何悲伤和罪恶的它们而言，死亡反倒是件好事。难道他在这些小家伙们遇到食肉动物、严寒、饥饿和生活中的种种磨难时应该置之不理、袖手旁观吗？然而，就在他这样想的时候，一只雀鹰从高空俯冲而下，直奔鸟巢中的雏鸟，企图伤害它们。哈托用左手一把抓住这个胆大妄为的家伙，在头上甩了一圈后，怒气冲冲地把它扔了出去。

那一天终于来临，小家伙们的羽翼渐丰，到了该学飞翔的时候。一只成年鹁鸪在巢窝内努力地将雏鸟们往边缘推去，与此同时，另一只鸟儿则在鸟巢四周飞来飞去，向孩子们展示着只要它们勇于尝试，振翅飞翔是件多么容易的事情。当雏鸟依然胆怯畏缩时，两只成鸟离开鸟巢，向小家伙们展示它们最华丽的飞行技艺。它们挥动着翅膀，画出不同的曲线，或者像百灵鸟那般凌空飞起，直上云霄，抑或是猛烈振翅悬停在空中。

<u>当孩子们依然固执己见，始终畏缩不前时，隐士哈托终于没忍住地插了手。</u>他轻轻地用手指推了它们一下，就把一切都搞定了。它们飞了出去，扑腾着翅膀，还不太稳定，像蝙蝠一样拍打着空气，

> ✏️ 此时的隐士哈托已经将自己的全部精力和期望放在了雏鸟身上，感觉自己对它们学会飞行也负有责任，于是忍不住伸手帮忙。

时而下降，时而又迅速飞往高处，逐渐领悟着飞行的要领，然后靠着这些要领尽快返回巢窝。鸟爸爸和鸟妈妈自豪又高兴地再次飞回它们身边，老哈托也笑了。

不管怎么说，在这件事上他起到了关键作用。

他开始认真地思索起来。

也许，上帝把地球当成了一个放在右手上的特大号鸟巢，或许他开始对在那里建设和居住的所有生命，对地球上所有脆弱无助的孩子都怀有深深爱意。也许他对那些他曾预言要毁灭掉的人心生怜悯，就如同哈托怜悯雏鸟一般。

尽管隐士的鸟儿比起上帝的子民要好太多，但他还是能理解，上帝仍然关心他们的心情。

第二天，当鸟巢空空如也时，孤独的苦涩感笼罩在了隐士的身上。他缓缓落下胳膊，让它们垂在两侧。在他看来，仿佛整个大自然都屏住了呼吸，等待着审判号角的吹响。然而就在这时候，所有的鹈鸰再次飞回到了他的身边，落在他的头顶和肩膀上，而它们对他没有一丝惧怕。老哈托那原本困惑不解的脑中灵光一闪，他曾将胳膊放下来过，为了看那些鸟儿每天都放下来。

他站在那里，身边围绕着六个飞舞嬉戏的小家伙，欣然地朝着虚空中的某个看不到的存在点头

> ✏️ 因为照顾鸟儿，隐士开始反思自己过去的思想，他想毁灭一切也许是不正确的，真正有爱的人是对一切抱有怜悯。

致意。"你不必理会。"他说道,"你不需要理会我,我没能遵守我的诺言,所以你也无须履行你的承诺。"

他感觉到,布满岩石的山峰仿佛不再颤抖,河流也平缓地回归河道。

> 哈托曾许诺永远高举双手,祈求上帝毁灭一切。而此时此刻,他的内心因六只雏鸟而获得平静,终于领悟了生命的真谛,才会说自己因为把手放下来过,违背了诺言,所以希望上帝不要毁灭一切。至此,哈托的心境已彻底转变。

阅读小助手

在这个故事结尾,作者用了两句环境描写,去象征哈托归于平静的内心:"布满岩石的山峰仿佛不再颤抖,河流也平缓地回归河道"。所以,有时候环境描写并不只是写树木、天空、花鸟,也可以衬托人的心情。

○ 作家档案

中文名： 帕斯捷尔纳克
外文名： Борис Леонидович Пастернак
国　籍： 苏联
出生日期： 1890年2月10日
逝世日期： 1960年5月30日

认识作者

帕斯捷尔纳克，作家，生于莫斯科。他的母亲是钢琴家，父亲是著名画家，因此他很小的时候就接触过很多艺术界名家，这对他的思想和文学创作产生深远影响。他早年一直创作诗歌，后来大量翻译外国名著，其翻译的莎士比亚、歌德的作品，广受赞誉。1956年创作的小说《日瓦戈医生》，被莫斯科当局拒绝出版，第二年在意大利成为畅销书，引起世界文坛的轰动。

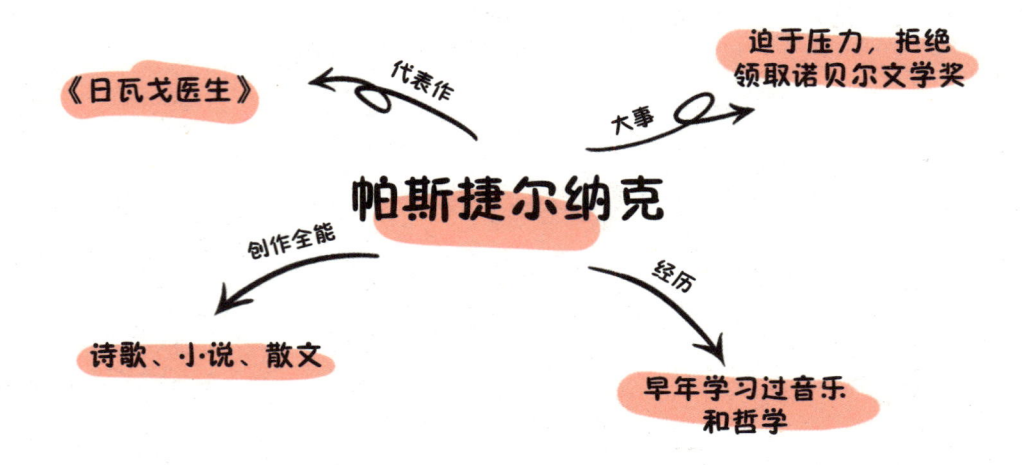

帕斯捷尔纳克

- 代表作 → 《日瓦戈医生》
- 大事 → 迫于压力，拒绝领取诺贝尔文学奖
- 创作全能 → 诗歌、小说、散文
- 经历 → 早年学习过音乐和哲学

1958年诺贝尔文学奖

获奖理由：

　　在当代抒情诗和苏联的史诗传统上，他都获得了极为重大的成就。

创作风格

　　帕斯捷尔纳克的早期作品，主题集中在体验内心世界的变化上，着重抒发对人的命运、情感和大自然的感受，表现的是人与大自然的一体性。他的诗歌非理性成分比较多，充满主观臆想和唯美主义的色彩，文字艰深难懂，句法变幻莫测，隐喻新颖奇特。

作文素材

　　世界上有多少事情值得我们信仰呢？事实上少得很！我认为一个人应当忠于不朽，那是生命的另一种形式，更为有力的形式。《日瓦戈医生》

　　如果你在行，总有人需要你。你永远能站得住脚。《日瓦戈医生》

　　星星或许会相视大笑，宇宙是个荒凉的去处。《诗的定义》

松 林

崔舒琪/译

> 在恬静的林间，诗人躺在草地上，感受着蓝天和花草，像是一幅美丽的田园风光画。

我们，静静躺在草地上，
头枕双臂，仰首远望苍天。
身边，凤仙花肆意生长，
母菊与金莲花点缀林间。

松林间辟出一条小路，
难以通行，荒草密布，
我们彼此交换眼色，再一次，
改换了姿势和位置。

于是，我们仿佛化为青松，
暂时地，获得不灭与永生，
无惧瘟疫，不畏疾病，
也驱散了死亡的噩梦。

天空是浓郁的青蓝，有如油膏，
似乎有意透出几分单调，
向大地投下点点光斑，

帕斯捷尔纳克

印染在你我的袖子和衣袍。

我们与松林分享着小憩，
静听虫蚁匆忙的声息，
呼吸松树林里助眠的安息香，
那混合着柠檬和神香的空气。

火红的树干映在深蓝的天际，
狂野生长，枝杈交错，
我们长久留恋此地，
不愿抽出枕着的双臂。

目之所及，一片宽广，
身外之物，如此驯良，
而透过丛生的枝干，我好像，
总能隐约看到一片汪洋。

那儿的海浪高过松树的枝杈，
阵阵地，从巨砾上倾覆而下，
从被它们搅浑的海底，
重重地，猛抛出无数的小虾。

傍晚，拖船后的软木上，

> ✏ 诗人的思绪从林间跳跃到幻想中的海洋，是此起彼伏的树冠让他想到了海中的波涛。

147

常有片片霞光，
闪闪烁烁，像泛着鱼脂的色泽，
缥缥缈缈，又如雾霭弥漫的琥珀。

📖 形容隐隐约约，若有若无。

暮色降临，月儿渐渐
将一切痕迹埋葬，
埋在纯白魔法的浪花之下，
葬在暗黑巫术的海水之上。

海浪越拍越响，越掀越高，
水上的餐厅里，人群喧嚣，
他们围在挂着海报的木柱旁，
上面的字迹在远处看不到。

帕斯捷尔纳克

初 寒

崔舒琪/译

门刚打开,风就从庭院
如蒸汽般涌入灶间,
时光回溯,一切瞬息变换,
正如儿时的那些夜晚。

屋外是干爽而平静的天气,
在离门口五步开外的地方,
<u>冬季羞涩地,悄然而立,
它犹豫着,不敢踏入房里。</u>

冬日来临,一切周而复始。
白柳树丛如同一群盲人
不拄手杖,也无人牵引,
向十一月里苍茫的远方前行。

河柳冻结,河水成冰,
从上方垂下漆黑的天穹,
它横亘在光裸的冰面,

✏️ 冬季给人的感觉一般是寒冷、猛烈,而在诗人的眼中,冬季则是饱含羞涩和犹豫的,多了许多人情味,给人遐想的空间。

> 星星在白桦树叶间若隐若现，白桦树的倒影呈现在冰面上，正像是一个优雅的人披星戴月，欣赏自己。

好似梳妆台上竖立的明镜。

在凝结封冻的河水面前，
十字路口被冰雪盖去一半，
那儿的白桦将一颗星星戴在发间，
对着河面的冰镜顾影自怜。

白桦暗地里疑心重重——
远方郊外小屋的寒冬，
和她所处的高空并无不同——
也是如此神秘莫测，变幻无穷！

帕斯捷尔纳克

春日重现

崔舒琪/译

列车已离开。只剩路堤漆黑发乌。
黑暗中，我能在何处找到前路？
这里已经面目全非，无法辨认，
尽管我一昼夜前刚离开此处。
枕木上铸铁的争鸣早已止息。
突然——新出现了咄咄怪事，
闲谈飞短流长，流言杂乱无章，
到底是被什么迷住了心肠？

去年我在何处听到过这些话语，
如碎片般断断续续？
啊，原来它们来自今夜的小溪，
汩汩流动，重又离开了林间空地。
正如往日的那段时光，
春光破开冰层，蓄水池猛涨。
无可置疑，这是新的奇迹，
一如从前，春日依旧重现。

> 这里是把春光拟人化，生动形象。

这就是她，这就是春，
这是她的魔力，她的神迹，
是她掩映在柳树后的棉衣、
肩膀、围巾、脊背和身躯。

她是悬崖边上的雪姑娘。
那不停地从谷底流淌而来的呓语，
是疯癫的饶舌之人传来的词句，
字字都是关于她的消息。
在她的前方，急流泛滥，
淹没一切障碍，隐入池水如烟，
垂落的瀑布钉于峭壁之上，
好似悬吊的明灯，咝咝作响。
有如牙齿打着寒战，上下叩击，
一道冰冷的水流淌入池塘，
又从池塘流向下一个容器，
春汛的语言——是生命的梦呓。

> 形象地展示了瀑布打在峭壁的状态和声音。

帕斯捷尔纳克

寂 静

崔舒琪/译

日光穿透整片森林,
束束光线如同肃立的尘柱,
人们说,林中的驼鹿,就从这里
走向道路的分岔处。

林中弥漫沉默与寂静,
正如那荒凉谷地的生命,
它并非为太阳的魔法所迷,
其中完全另有隐情。

的确,在离这不远的地方,
一只母驼鹿站在树丛之中,
树木在它面前呆呆发愣,
也难怪林间如此幽静。

母驼鹿吃着林中矮草,
将嫩叶咬得清脆作响,
橡子蹭到了它的脊背,

✎ 一束束光线穿过森林,静谧感油然而生。

就在枝头上来回摇晃。
山萝花，母菊，
金丝桃，柳兰，还有大翅蓟，
全都沉迷算卦占卜，
围着灌木丛看热闹。

整座森林只有一条小溪
峡谷里回荡着悦耳之音，
时而低吟，时而高鸣
歌颂这前所未有的情形。

> 形容流水的声音。

林间山谷里，溪水淙淙，
伐木区响彻汨汨水声，
它几乎是用人类的语言，
来吐露自己心中的真情。

帕斯捷尔纳克

阅读小助手

　　帕斯捷尔纳克的诗歌充满大自然的韵律，他描写大海、森林、溪流和瀑布……所有的一切在他的笔下都是生动活泼的。诗人所热爱的大自然，实际上是他真切热爱生命的体现。

　　想想看，自己身边有哪些可以写下来的景色呢？